# ENCICLOPEDIA
## DE LOS
## PAÍSES DEL MUNDO

**Sue Grabham**

## EUROPA II

**EDITORIAL EVEREST, S. A.**

Madrid • León • Barcelona • Sevilla • Granada • Valencia
Zaragoza • Las Palmas de Gran Canaria • La Coruña
Palma de Mallorca • Alicante • México • Lisboa

EDITOR GENERAL
Sue Grabham

COORDINADOR GENERAL
Tracy Killick

EDITORES
Claire Berridge, Jane Butcher,
Charlotte Evans, Nina Hathway,
Ann Kay, Linda Sonntag,
Jill Thomas

EDITORA ADJUNTA
Julia March

ASESORES EDITORIALES
Virginie Verhague

CARTÓGRAFO
Alan Whitaker

EDITORES CARTOGRÁFICOS
Tara Benson, Annabel Else

ASISTENTES DE LOS EDITORES
CARTOGRÁFICOS
Nicola Garrett, Victoria Hall

SERVICIOS CARTOGRÁFICOS
Cosmographics, Lovell Johns Ltd.

BASES CARTOGRÁFICAS
Malcolm Porter

JEFE DE DISEÑO
Janice English

DISEÑO
Paul Calver, Dawn Davis,
Earl Neish, Andy Stanford

DISEÑO ADICIONAL
Branka Surla, Smiljka Surla

PREPARACIÓN ARTÍSTICA
ADICIONAL
Shaun Deal, Roy Flooks, Mark
Franklin, Matthew Gore, Mel
Pickering, Janet Woronkowicz

TEXTOS
Sean Connolly, Antony Mason,
James Muirden, Linda Sonntag,
Phil Steele, Jill Thomas

DOCUMENTACIÓN GRÁFICA
Su Alexander, Elaine Willis

DOCUMENTACIÓN
Wendy Alison

ASISTENTE DE
DOCUMENTACIÓN
Steve Robinson

DIRECCIÓN EDITORIAL
Jim Miles

DIRECCIÓN ARTÍSTICA
Paul Wilkinson

RESPONSABLE DE PRODUCCIÓN
Linda Edmonds

ASISTENTE DE PRODUCCIÓN
Stephen Lang

ÍNDICE
Hilary Bird

GLOSARIO Y FONÉTICA
Daphne Ingram

CORRECCCIÓN DE PRUEBAS
Penny Williams

ASESORÍA GEOGRÁFICA
Keith Lye, Dr. David Munro,
Julia Stanton

ASESORÍA DE HISTORIA
NATURAL
Michael Chinery

ASESORÍA DE HISTORIA
Y GEOGRAFÍA HUMANA
Profesor Jack Zevin

**Título original:** *Encyclopedia of Lands & Peoples*

**Traducción:** Marisa Rodríguez Pérez

**Maquetación:** Millán Diseño gráfico y Marisa Rodríguez Pérez

Published by arrangement with Kingfisher Publications Plc.

Copyright © Kingfisher Publications Plc. y EDITORIAL EVEREST, S. A.
ISBN: 84-241-1980-0 (Obra completa)
ISBN: 84-241-1971-1 (Tomo II)
Depósito legal: LE. 255-1998
Printed in Spain - Impreso en España
EDITORIAL EVERGRÁFICAS, S. L.
Carretera León-La Coruña, km 5
LEÓN (España)

# PREFACIO

Con casi 200 países independientes en el mundo, ¿cómo conseguir verlos todos? Afortunadamente, tienes en tus manos una auténtica máquina del tiempo. En cuestión de segundos, con sólo pasar la página, la *Enciclopedia de los Países del Mundo* te llevará allí donde desees. Esto significa a cualquier parte del mundo, desde los diminutos atolones del Pacífico hasta las praderas alpinas de Europa, desde las exuberantes selvas tropicales de América del Sur hasta la tundra helada del Ártico.

A lo largo de las siguientes 640 páginas, viajarás a través de montañas, desiertos, bosques y llanuras, avistando los numerosos animales y plantas que viven en estos medio ambientes tan diferentes. Conocerás los pueblos que habitan estos lugares, aprenderás cómo visten, se divierten y se ganan la vida, e incluso descubrirás los alimentos que comen y las lenguas que hablan. Verás cómo, en el transcurso de los siglos, se han desarrollado las naciones y conocerás las guerras contra otras naciones y las batallas por la independencia y el éxito económico. Todo ello, siempre ilustrado por mapamundis y mapas estupendos que muestran ciudades, ríos, carreteras, montañas y otros muchos rasgos.

La *Enciclopedia de los Países del Mundo* contiene miles y miles de hechos sobre cada país del mundo. Esta impresionante colección de imágenes e información es el resultado del gran esfuerzo de un entusiasta equipo de escritores, editores, diseñadores, investigadores fotográficos y supervisores de producción. Estás a punto de «viajar» por todo el mundo y comprobar los resultados de tal esfuerzo y dedicación. ¡Siéntate, pasa las páginas y disfruta del recorrido!

Jim Miles

Director editorial

# CÓMO UTILIZAR LOS MAPAS

El cuadro inferior contiene una clave cartográfica. Explica el significado de los diferentes símbolos de los mapas de esta enciclopedia. Por ejemplo, un cuadrado señala una capital y una línea negra una carretera. Observa el mapa de la derecha. Las líneas de latitud y longitud están señaladas en grados. Las letras y números entre las líneas son las referencias de situación. Te ayudarán a localizar puntos en el mapa identificando el cuadrado en que se encuentran.

*La escala del mapa te ayuda a medir distancias. En este mapa 1,4 centímetros equivalen a 200 kilómetros.*

*La ciudad de Antserañana está señalada con un círculo. El círculo está en el cuadro B1. Para encontrarlo, sólo has de buscar la zona de confluencia entre la B y el 1.*

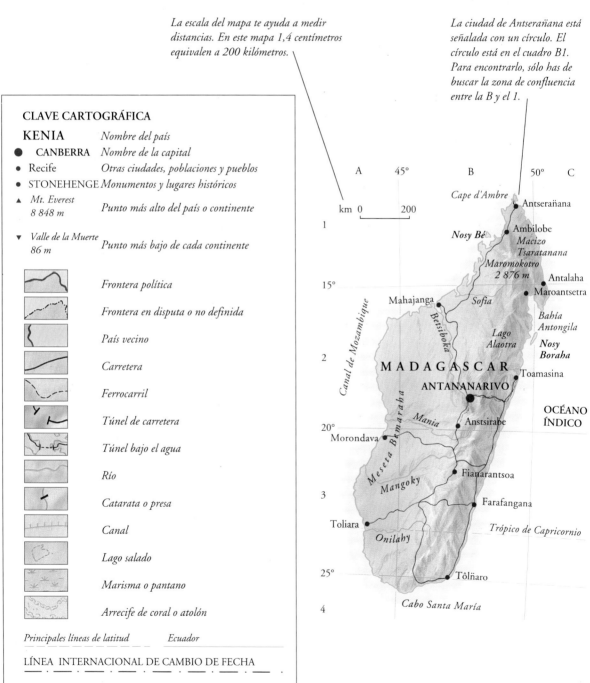

## CLAVE CARTOGRÁFICA

**KENIA** — *Nombre del país*

● **CANBERRA** — *Nombre de la capital*

• Recife — *Otras ciudades, poblaciones y pueblos*

• STONEHENGE — *Monumentos y lugares históricos*

▲ *Mt. Everest* — *Punto más alto del país o continente*
  *8 848 m*

▼ *Valle de la Muerte* — *Punto más bajo de cada continente*
  *86 m*

*Frontera política*

*Frontera en disputa o no definida*

*País vecino*

*Carretera*

*Ferrocarril*

*Túnel de carretera*

*Túnel bajo el agua*

*Río*

*Catarata o presa*

*Canal*

*Lago salado*

*Marisma o pantano*

*Arrecife de coral o atolón*

*Principales líneas de latitud* — *Ecuador*

LÍNEA INTERNACIONAL DE CAMBIO DE FECHA

# MÓNACO

Mónaco es uno de los países más pequeños del mundo. Describe una franja larga y estrecha a lo largo del Mar Mediterráneo por debajo de las colinas costeras del sudeste de Francia. Todo el país es una zona edificada que abarca las ciudades de Mónaco y Monte Carlo. Hay también una zona industrial llamada Fontvieille. La línea costera se está ampliando con terrenos ganados al mar, que aportan más espacio para proyectos como puertos marítimos, playas y bloques de apartamentos.

Los príncipes de Grimaldi han gobernado Mónaco desde 1297. En 1793 fue invadido por Francia y no recobraría la independencia hasta 1861. En la actualidad, el gobierno de Mónaco continúa en manos de un príncipe que elabora leyes en estrecha colaboración con el Consejo Nacional.

Desde el siglo XIX, la combinación de veranos calurosos, inviernos suaves y las cerúleas aguas del Mediterráneo ha supuesto un atractivo más que suficiente para los turistas de toda Europa. En épocas más recientes, muchos millonarios han fijado su residencia en el país debido a lo reducido de los impuestos. Fortunas enteras se ganan y pierden en la ruleta y otros juegos de apuestas del mundialmente famoso casino de Monte Carlo. A pesar de los grandes beneficios proporcionados por el juego, la ley monaguesca prohibe tales prácticas a sus ciudadanos. Las carreras automovilísticas son otro de los atractivos de Mónaco. Año tras año, el país es escenario del legendario Grand Prix de Mónaco y del rally de Monte Carlo.

## HECHOS Y DATOS

**Superficie:** 1,9 km$^2$
**Habitantes:** 28 000
**Capital:**
Mónaco (hab 1 500)
**Idioma oficial:**
Francés
**Religión:** Cristianismo
**Moneda:**
Franco francés
**Productos:**
Instrumentos de precisión y productos químicos y farmacéuticos.
**Gobierno:** Monarquía constitucional
**Renta per cápita:**
Datos no disponibles

▲ El puerto de Mónaco, en la actualidad ocupado por yates de lujo de todo el mundo, fue en otro tiempo un apacible reducto de pescadores. Los turistas visitan Mónaco atraídos por los clubs nocturnos y los casinos, que aportan grandes ingresos a este pequeño país.

A  7°25'  B

FRANCIA  LARVOTTO

Monte Carlo

Casino  Circuito del Gran Prix

MÓNACO  Puerto de Mónaco

43°44'  MAR MEDITERRÁNEO

LA CONDAMINE
Palacio  ●MÓNACO

1

FONTVIELLE

2

km 0  1

# AUSTRIA

Austria es una república montañosa del centro de Europa. Casi tres cuartos de su superficie se sitúan en las nevadas alturas de los Alpes, pobladas por corzos y un número más reducido de gamuzas. Austria cuenta con amplios valles verdes, ríos torrenciales y profundos lagos de montaña. El ganado habita en los elevados pastos, mientras que la cuenca de Viena, el valle llano del mítico río Danubio, produce centeno y cebada. La mayor parte del territorio es demasiado accidentado para el cultivo, aunque gracias al uso de métodos agrícolas modernos, Austria consigue producir tres cuartos de los alimentos necesarios para suplir las necesidades internas. A pesar de ser un país muy industrializado, una gran mayoría de la población trabaja en servicios como el comercio, la banca, el turismo, la sanidad y la educación.

Los primeros habitantes de estas tierras se dedicaron a la minería y comerciaban con hierro y sal. Las tribus celtas llegaron en torno al 400 a. C. Más tarde, en el año 15 a. C., Austria fue conquistada por los romanos. Desde el siglo XIII, la poderosa familia de los Habsburgo gobernó Austria, convirtiéndola en el centro de un inmenso imperio que llegó a incluir España, Hungría y los Países Bajos. En el siglo XIX comenzó el declive del poder austriaco, que culminó en 1918 con la caída del imperio Habsburgo. Las dos guerras mundiales dividieron el país, lo que no impidió que, desde 1950, Austria haya reconstruido su economía y logrado estabilidad política. En 1995 se unió a la Unión Europea.

**MUNDO AMENAZADO**

Las águilas de cola blanca son muy poco frecuentes hoy día. En invierno, es posible ver alguna en los Alpes austriacos.

▼ *Los rayos del sol bañan el pico de Grossglockner. El pueblecito de Heiligenblut se acurruca en su falda. El impresionante paisaje austriaco atrae a muchísimos turistas, especialmente a las estaciones de esquí.*

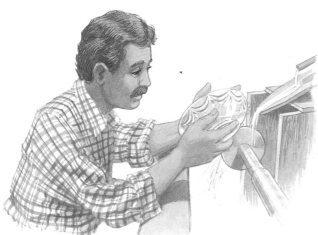

▲ *Un artesano talla cristal en Rattenberg, en el valle del Inn. La talla de madera y la fabricación de porcelana son otras de las apreciadísimas artesanías austriacas.*

## HECHOS Y DATOS

**Superficie:** 83 860 km²

**Habitantes:** 7 988 000

**Capital:** Viena
(hab 1 540 000)

**Otras ciudades:**
Graz (hab 238 000),
Linz (hab 203 000)

**Punto más alto:**
Grossglockner (3 797 m)

**Idioma oficial:** Alemán

**Religión:** Cristianismo

**Moneda:** Chelín austriaco

**Exportaciones:**
Maquinaria,
equipamiento para el
transporte, madera, papel
y pulpa de papel, hierro,
acero y textiles

**Gobierno:** República
constitucional

**Renta per cápita:**
22 110 $

▼  El teatro Burgtheater de Viena se
construyó a finales del siglo XIX. En esta época,
la capital de Austria era uno de los centros
culturales más importantes del mundo.

▲  La presa Kops-Stausse genera
energía hidroeléctrica para la
industria del oeste de Austria. Los
esquemas hidroeléctricos de los
lagos y ríos austriacos
proporcionan dos tercios de la
energía eléctrica del país.

# FRANCIA *Introducción*

Francia es la tercera nación más extensa de Europa, además de una de las potencias económicas y políticas más importantes del mundo. Los franceses en ocasiones llaman a su país *L'Hexagone* (El Hexágono), aludiendo a su forma. A excepción del nordeste, toda Francia está delimitada por fronteras naturales como mares o montañas. Entre ellas, se halla un país de paisajes variados y hermosos, industrias modernas, lugares históricos y grandes ciudades. La nación gala ha contribuido a la historia y cultura del occidente de Europa, así como de otras muchas partes del mundo. Francia ha producido grandes pensadores, políticos, escritores, pintores, músicos, arquitectos, científicos, cineastas y modistos. Es también renombrada por sus vinos y cocina, afamados por su gran calidad y exquisitez. El disfrute de estos placeres es una parte importante de la vida para la mayoría de los franceses y para muchos visitantes.

La Revolución Francesa de 1789 convirtió a Francia en una de las primeras naciones europeas que derrocó la monarquía y estableció una república. La monarquía sería restaurada durante un breve período durante el siglo XIX, dejando de nuevo paso a la república en 1871. Desde entonces, Francia ha sido una república democrática de forma casi continua. El gobierno está dirigido por un presidente, que nombra al primer ministro.

Francia, que también incluye la isla mediterránea de Córcega, está dividida en 22 regiones, entre las que cabe citar Bretaña, que se extiende al noroeste, y Borgoña, en torno a Dijon. París, la capital, se ha mantenido como centro de poder. Sin embargo, las distintas regiones han conservado identidades individuales muy marcadas y hoy cuentan con mayor voz en el gobierno del país.

## HECHOS Y DATOS

**Superficie:** 543 970 km²
**Habitantes:** 57 660 000
**Capital:** París
(hab 9 319 000)
**Otras ciudades:**
Lyon (hab 1 263 000),
Marsella (hab 1 231 000),
Lille (hab 960 000)
**Punto más alto:**
Mont Blanc (4 807 m)
**Idioma oficial:** Francés
**Religiones:** Cristianismo
e islamismo
**Moneda:** Franco francés
**Exportaciones:** Vino,
productos agrícolas,
maquinaria,
equipamiento para el
transporte y productos
químicos
**Gobierno:** República
constitucional
**Renta per cápita:**
22 300 $

### MUNDO AMENAZADO

El desmán pirenaico, un topo acuático de morro alargado, vive en los torrentes de los Pirineos. La contaminación amenaza su supervivencia.

◄ *Naranjos y cipreses sobre el azul Mediterráneo de la costa sur. Desde el siglo XVIII, muchos turistas han elegido como destino el clima cálido y los hermosos paisajes de estas costas.*

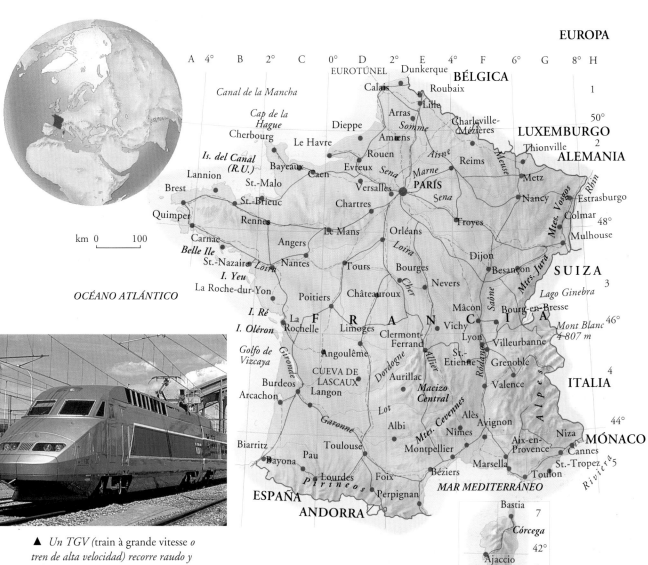

Canal de la Mancha

EUROTÚNEL Dunkerque
BÉLGICA
Calais Roubaix
Lille
Cap de la Arras Charleville-Mézières
Hague Dieppe Amiens Somme
Cherbourg Le Havre Rouen Aisne LUXEMBURGO
Is. del Canal Bayeaux Caen Evreux Sena Reims Thionville ALEMANIA
(R.U.) Versalles Marne Metz
Lannion St.-Malo Chartres PARÍS Nancy Estrasburgo
Brest St.-Brieuc Sena Mtes. Vosgos Rhin Colmar
Quimper Rennes Le Mans Orléans Troyes Mulhouse
Carnac Angers Loira Dijon SUIZA
Belle Ile Nantes Tours Bourges Besançon Mtes. Jura
St.-Nazaire Cher Nevers Lago Ginebra
I. Yeu Poitiers Châteauroux Mâcon Bourg-en-Bresse
La Roche-dur-Yon Saône Mont Blanc
OCÉANO ATLÁNTICO I. Ré La F R A N C I A Vichy 4 807 m
I. Oléron Rochelle Limoges Clermont- Lyon Villeurbanne
Golfe de Angoulême Ferrand St.- Grenoble
Vizcaya Dordogne Etienne ITALIA
CUEVA DE Aurillac Ródano Valence Alpes
Burdeos LASCAUX Macizo
Arcachon Langon Lot Central Alès MÓNACO
Garonne Albi Mtes. Cevennes Nîmes Avignon Niza
Biarritz Toulouse Montpellier Aix-en- Cannes
Bayona Pau Provence St.-Tropez
Lourdes Foix Béziers Marsella Riviera
ESPAÑA Pirineos Perpignan MAR MEDITERRÁNEO Toulon
ANDORRA

Bastia
Córcega
Ajaccio

km 0 100

▲ Un TGV (train à grande vitesse o
tren de alta velocidad) recorre raudo y
veloz una de sus rutas ferroviarias. Estos
trenes, que han convertido la red de
ferrocarriles francesa en una de las más
avanzadas de Europa, pueden viajar a
500 km/h.

► Las cúpulas blancas de la iglesia del
Sacré Coeur (Sagrado Corazón) se elevan
sobre la plaza de Montmartre, el punto más
alto de París. Durante el siglo XIX, aquí
trabajaron artistas famosos como Renoir y
Toulouse–Lautrec. En la actualidad, los
pintores todavía se congregan en las calles,
exponiendo y vendiendo sus obras a los
numerosos visitantes.

# FRANCIA *Geografía*

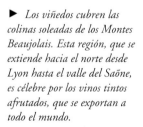

▼ *El espectacular Mont Blanc, la cumbre más alta de los Alpes, permanece cubierto de nieve durante todo el año. Un túnel excavado en la montaña comunica Francia e Italia.*

El paisaje francés ofrece una variedad increíble: rocosos promontorios atlánticos, grandes valles fluviales, cumbres nevadas, verdes praderas y playas soleadas a orillas del Mediterráneo. El clima es suave y lluvioso en la costa oeste, mientras que en el este son comunes los veranos calurosos y los inviernos fríos.

La mayor parte del norte de Francia es una enorme llanura, atravesada por ríos como el Sena y el Marne. Este fértil terreno está rodeado por colinas y acantilados en el oeste. En el este, las colinas boscosas delimitan la frontera con Bélgica. Estas colinas se extienden hacia el sur, elevándose en los Montes Vosgos sobre el valle del río Rhin hasta la cordillera Jura en la frontera suiza.

Las tierras altas del Macizo Central ocupan gran parte del centro y sur de Francia. Se trata de una región de volcanes ancestrales con terrenos yermos, dedicados principalmente al pasto de ganado ovino, caprino y bovino. En el sudeste, los Montes Cévennes presencian el nacimiento del Loira, el río más largo de Francia.

El suroeste de Francia, en torno al río Garonne, acoge los viñedos de Burdeos, además de una zona de dunas arenosas y bosques de pinos llamada Landas. Las míticas cumbres de los Pirineos delimitan la frontera de Francia con España.

Al este del Macizo Central se sitúan los fértiles valles de los ríos Saône y Ródano. La desembocadura del Ródano en el Mediterráneo forma un enorme delta con zonas pantanosas, famosas por sus flamencos y caballos salvajes blancos. A lo largo de la frontera italiana discurren los Alpes, los picos más altos de Europa occidental, donde glaciares centelleantes y ariscas paredes de roca se elevan sobre los pastos montañosos.

► *Los viñedos cubren las colinas soleadas de los Montes Beaujolais. Esta región, que se extiende hacia el norte desde Lyon hasta el valle del Saône, es célebre por los vinos tintos afrutados, que se exportan a todo el mundo.*

◄ *El valle del río Dordogne es uno de los destinos turísticos franceses más populares entre los visitantes extranjeros. El río se eleva en las montañas cerca de Clermont-Ferrand y discurre unos 470 kilómetros en dirección oeste a través de la hermosa campiña. Desemboca al norte de Burdeos, en el Estuario Gironde.*

► *El cráter volcánico de Puy de Dôme, en el Macizo Central, permanece inactivo en la actualidad. Las erupciones y los ríos de lava modelaron este paisaje hace muchos miles de años.*

◄ *Los acantilados y arcos naturales de creta se elevan sotre esta playa de Etretat, al norte de Le Havre. Un pedazo de roca forma un farallón situado en el Canal de la Mancha. Las formaciones rocosas sirvieron de «lienzo» a famosos artistas franceses como Matisse y Monet.*

# FRANCIA *Economía*

▲ *La esfera plateada de esta central nuclear preside el paso del río Vienne en Chinon, cerca de Tours. Las centrales nucleares producen casi tres cuartos de la electricidad del país.*

La combinación de un clima suave y terrenos de cultivo ricos han convertido a Francia en una nación agrícola importante a lo largo de los siglos. En el norte se cultiva trigo, remolacha azucarera, hortalizas y manzanas. El ganado vacuno pace en los pródigos pastos del noroeste, produciendo mantequillas y quesos cremosos. Las viñas de la próspera industria vinatera ocupan grandes zonas de todo el país. En el sur y suroeste hay campos de girasol y maíz, además de pomares y plantaciones de ciruelos y cerezos.

La pesca es una actividad importante a lo largo de la extensa costa francesa. Existe también una gran industria maderera, situada en los inmensos bosques que cubren cerca de un cuarto del país.

Los recursos naturales de Francia incluyen bauxita (utilizada para fabricar aluminio), mena de hierro y carbón. Hay también reservas de petróleo en el suroeste, entre Burdeos y Biarritz. La poderosa corriente de los torrentes montañosos, cascadas y ríos caudalosos se aprovecha para generar energía hidroeléctrica. Francia exporta electricidad a los países vecinos y ha construido más centrales de energía nuclear que ninguna otra nación de Europa occidental. Ha experimentado también con la energía del sol y las olas. La gigantesca central energética de Odeillo, en los Pirineos, aprovecha el calor del sol para producir electricidad.

En la actualidad, la industria es más importante que la agricultura para la economía francesa. Las fábricas galas producen textiles, equipamiento electrónico, aéreo y espacial, y productos químicos, con un gran número de exportaciones. Además, cerca de la mitad de la mano de obra francesa trabaja en industrias de servicios como el turismo, la banca, la sanidad o la educación.

◄ *Niza es el destino preferido de la famosa Riviera francesa. Esta soleada franja costera bordea el Mar Mediterráneo. El turismo, centrado en las magníficas playas, deportes acuáticos, cámpings y hoteles de lujo, es una industria importante en el sur del país.*

► *Troncos de pino apilados en la región de Burdeos. La industria maderera francesa explota los grandes bosques del suroeste, de las regiones montañosas del Macizo Central y de las fronteras orientales. Gran parte de esta madera está destinada a la producción de muebles, papel y pulpa.*

▲ *Una sesión de la Bourse, o Bolsa, de París. Todo tipo de acciones y valores se compran y venden en este escenario, centro de la industria financiera francesa.*

## PERFIL ECONÓMICO

**Agricultura y ganadería:** Francia es la primera nación agrícola de Europa occidental. Cultiva trigo, cebada, avena, remolacha azucarera, lino, fruta y verduras. La ganadería incluye ovejas y vacas. Exporta quesos y vinos.

**Pesca:** Las capturas más comunes son: bacalao, cangrejos, langostas, pejesapo, vieiras, atún, ostras y mejillones.

**Minería:** Se extrae carbón, hierro, gas natural y sulfuro.

**Industria:** Francia fabrica productos químicos, equipamiento aeroespacial y de comunicaciones, artículos electrónicos, maquinaria y vehículos. El país es el cuarto fabricante de coches del mundo. El refinado de petróleo también es importante. Francia es la cuarta nación del mundo en cuanto a exportaciones. Los tejidos, perfumes y artículos de moda franceses gozan de prestigio mundial.

◄ *Los cremosos quesos Camembert, producidos en el noroeste, se curan en bodegas. Francia fabrica y exporta cientos de quesos diferentes: hechos con leche de vaca, oveja o cabra. Roquefort y Port Salut son otros quesos franceses famosos.*

# FRANCIA *Gente*

### QUICHE LORRAINE
La *Quiche Lorraine* consiste en una base de pasta crujiente, rellena de huevos batidos, nata, queso, aliño y panceta picada. La *quiche* se hornea durante 45 minutos hasta que está dorada. Es un plato tradicional de Lorraine, una región al noroeste de Francia. Las diferentes regiones de Francia poseen estilos culinarios distintivos. La cocina francesa es una de las más exquisitas del mundo.

Francia es el hogar de una gran diversidad de pueblos. La mayoría descienden de colonos e invasores de épocas ancestrales. Francia fue el destino de galos, romanos y de los aventureros escandinavos conocidos como vikingos. También llegaron tribus germánicas como los francos, visigodos y burgundios.

En las fronteras orientales de Francia, la población puede ser de ascendencia italiana o alemana. Muchos habitantes de urbes de todo el país descienden de africanos que emigraron aquí desde antiguas colonias francesas, como Argelia, Túnez, Marruecos y zonas de África occidental.

Al igual que en casi todas las naciones industrializadas, la mayoría de los franceses viven en ciudades y áreas urbanas. Trabajan en el gobierno, la educación, la industria o el sector servicios. El nivel de vida de Francia es alto y los trabajadores disfrutan de largas vacaciones estivales. En las áreas rurales, la mayor parte de la población trabaja en la agricultura. El paisaje está salpicado de pequeñas granjas familiares.

Las costumbres, alimentos y bebidas presentan diferencias marcadas de una región a otra. Varias partes de Francia, como Bretaña al noroeste, la isla de Córcega y el País Vasco pirenaico, poseen lenguas propias. Sin embargo, casi todo el mundo habla francés. A pesar de que la nación no tiene religión oficial y de que ésta no es una asignatura obligatoria en las escuelas estatales, el país mantiene una fuerte tradición católica romana. Hay también grandes minorías de protestantes, judíos e islámicos.

◄ *Unos ancianos juegan a la petanca a la sombra de unos árboles en Cannes. El juego consiste en lanzar las bolas, de forma que caigan lo más cerca posible del boliche. La petanca es un juego típico de las plazas de los pueblos de toda Francia, especialmente en el sur.*

▲ *Ciclistas del Tour de Francia atravesando la frontera suiza. Esta competición anual ha sido la carrera ciclista mundial más importante desde 1903. Es una durísima prueba de fuerza y resistencia. Los ciclistas pedalean más de 4 000 km en tan sólo tres semanas.*

▼ *Esta encajera es de Bretaña, una región del noroeste. Su traje tradicional incluye un tocado alto llamado* coiffe. *Muchas zonas de Bretaña poseen su propio traje, que se luce en ocasiones especiales. Los bretones también han mantenido muchas otras tradiciones culturales, como las danzas y la música de gaita.*

### HABLA FRANCÉS

Hola – Bonjour *(bon - **yur**)*

Adiós – Au revoir *(or - **wuar**)*

Por favor – S'il vous plait *(sil vu ple)*

Gracias – Merci *(**mer - si**)*

Sí – Oui *(ui)*

No – Non *(nö)*

▶ *Los esquiadores toman las pendientes nevadas de Meribel Mottaret, en los Alpes franceses. Los centros turísticos como éste, situado en un espectacular marco alpino, atraen a gran cantidad de entusiastas de los deportes de invierno, escaladores y senderistas.*

# FRANCIA *Historia*

▼ *Esta pintura de un caballo tiene unos 17 000 años de antigüedad. Es una de las muchas pinturas prehistóricas de toros, caballos salvajes, renos y otros animales encontradas en una cueva de Lascaux, en la región de Dordogne. La cueva fue descubierta por unos escolares en 1940.*

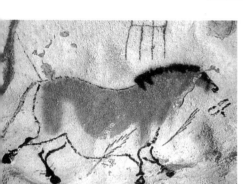

Francia ha estado habitada desde épocas prehistóricas y buena prueba de ello son los monumentos erigidos por los hombres de la Edad de Piedra, aún en pie en el noroeste. A partir del 1500 a. C., las tribus celtas (los galos) controlaron la mayor parte de Francia. Éstos serían conquistados por los romanos, quienes gobernaron la región desde el 50 a. C. hasta el siglo V d. C.

A medida que el poder romano declinaba, las tribus germánicas comenzaron a invadir Francia. Los más poderosos eran los francos, que rechazaron los ataques de los moros norteafricanos y finalmente fundaron un gran imperio bajo el gobierno de Carlomagno (742-814 d. C.).

Durante la Edad Media, la civilización francesa experimentó un florecimiento a pesar de una serie de largas guerras con Inglaterra. Más tarde, a finales del siglo XVI, un movimiento religioso conocido como la Reforma, extendió el protestantismo por toda Europa. En Francia, las diferencias entre protestantes y católicos romanos desembocaron en más de 30 años de guerras civiles.

La monarquía francesa alcanzó su apogeo durante el reinado de Luis XIV (1643-1715). Sin embargo, crecía el resentimiento contra el poder y la riqueza del rey y la aristocracia, que, en 1789, se materializó en la Revolución Francesa y en el cruento derrocamiento de la realeza.

Napoleón Bonaparte emergió del caos de la Revolución como gobernante de Francia. Dirigió los victoriosos ejércitos franceses por toda Europa antes de ser derrotado en Waterloo por los ingleses y los prusianos en 1815. Durante el siglo XIX, Francia amasó un gran imperio en África y Asia. Las guerras destructivas con Alemania dominaron los últimos años del siglo XIX y los comienzos del XX.

Desde 1950, el general Charles de Gaulle lideró la reconstrucción de Francia tras la II Guerra Mundial. Tanto Francia como Alemania contribuyeron a la formación de una Europa nueva y pacífica con la fundación de la Comunidad Económica Europea, hoy la Unión Europea.

◀ *El Pont du Gard, de 275 metros de longitud, es un acueducto romano conservado en excelentes condiciones. Fue construido para llevar agua a la ciudad de Nimes, al sur de Francia. Los romanos edificaron ciudades, teatros y carreteras durante su larga ocupación de la Galia (la Francia actual), desde el 50 a. C. hasta el siglo V d. C.*

# ANDORRA

## HECHOS Y DATOS

**Superficie:** 450 km²
**Habitantes:** 48 000
**Capital:**
Andorra la Vella
(hab 19 000)
**Punto más alto:** Coma
Pedrosa (2 946 m)
**Idioma oficial:** Catalán
**Religión:** Cristianismo
**Monedas:**
Franco francés y peseta
española
**Exportaciones:** Ropa,
agua mineral y tabaco
**Gobierno:** Principado
**Renta per cápita:**
3 000–8 000 $

Este país diminuto está situado en las colinas orientales de los Pirineos, entre Francia y España. Es un territorio de estrechas gargantas y pasos montañosos, atravesado por el río Valira. Mucha gente se gana la vida con el procesado de tabaco, el pastoreo o la siembra de patatas. Otros trabajan en la industria turística, ya que numerosos visitantes de toda Europa acuden a esquiar, a disfrutar del magnífico paisaje y a visitar las iglesias antiguas. Otro gran atractivo es lo económico de los artículos en las tiendas libres de impuestos.

Según la leyenda, Andorra fue fundada por el gran emperador franco Carlomagno (742-814 d. C.). Se cree que los andorranos ayudaron a Carlomagno a derrotar a los moros del norte de África. En 1278, un obispo español y un conde francés pasaron a ser jefes gobernantes conjuntos del país. En la actualidad, Andorra todavía tiene dos jefes de estado: el obispo español de la Seo de Urgel y el presidente de Francia. En este siglo se han introducido numerosas reformas democráticas, aunque las mujeres no consiguieron el derecho a voto hasta 1971. En 1993, los andorranos votaron para adoptar un nuevo sistema parlamentario de gobierno que reducía los poderes de los jefes de estado.

Los nativos andorranos descienden del pueblo catalán. Los catalanes también viven en el nordeste de España y en el sur de Francia. Muchos habitantes son inmigrantes franceses o españoles y la mayoría de los no catalanes hablan español.

▶ *Las altas cumbres pirenaicas presiden esta imagen de la capital, Andorra la Vella. Muchos visitantes acuden a Andorra por los deportes de invierno, siendo el turismo vital para la economía del país.*

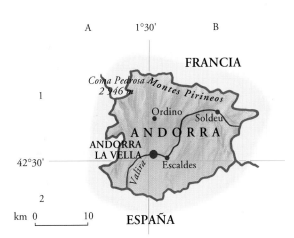

# ESPAÑA *Introducción*

▲ *El edificio más famoso de Barcelona es una singular catedral dedicada a la Sagrada Familia. Su diseño es obra del gran arquitecto y escultor español Antonio Gaudí. La construcción comenzó en 1884, pero aún no ha finalizado, ya que Gaudí murió arrollado por un tranvía dejando la obra inconclusa.*

Lo histórico de sus ciudades y lo exquisito de sus playas convierten a España en uno de los países más visitados de Europa. El turismo es vital para la economía ya que, en relación a su tamaño, posee pocos recursos naturales. Más allá de la rocosa costa atlántica y el arenoso litoral mediterráneo, gran parte del interior es una meseta interrumpida por cadenas montañosas. La lluvia es poco abundante. excepto en el norte.

En siglo XVI, los exploradores españoles, también llamados conquistadores, crearon un inmenso imperio en el norte, centro y sur de América. España fue uno de los países más ricos y más poderosos del mundo hasta que las guerras con otros países y los problemas económicos propiciaron un lento declive que se prolongó hasta este siglo.

La España moderna ha evolucionado con gran rapidez. La dictadura del general Francisco Franco la mantuvo aislada de las otras naciones occidentales de 1939 a 1975. Sin embargo, la democracia y la entrada en la Unión Europea han acercado el país al resto de Europa. En 1992, Barcelona fue sede de los Juegos Olímpicos y Madrid fue la capital cultural europea. En el mismo año, Sevilla acogió la feria mundial Expo '92.

Desde la muerte de Franco, en 1975, España ha sido una monarquía constitucional, en la que el poder político recae sobre el gobierno. El país ha prosperado bajo esta forma de democracia, sin detenerse siquiera ante acontecimientos como un golpe de estado fallido ocurrido en 1981. Los habitantes de las diferentes zonas sienten muy de cerca su identidad regional. Estos sentimientos se intensifican en algunas comunidades con cultura e idioma propios, como el País Vasco y Cataluña, donde el discurso político en ocasiones incluye campañas a favor de la autodeterminación. Existe también un gran contraste entre la vida urbana y la vida rural, que apenas ha cambiado con el paso de los siglos.

**MUNDO AMENAZADO**

Tras siglos de caza, el lince ibérico está en peligro de extinción.

▶ *Los transeúntes se apresuran a cruzar una calle de Madrid para coger el Metro. Madrid fue elegida capital debido a su situación geográfica: justo en el centro de la península. Es uno de los principales centros nacionales para el comercio y la industria.*

## HECHOS Y DATOS

**Superficie:** 504 750 km²
**Habitantes:** 39 143 000
**Capital:** Madrid
(hab 2 910 000)
**Otras ciudades:** Barcelona
(hab 1 626 000),
Valencia (hab 753 000),
Sevilla (hab 660 000)
**Punto más alto:**
Teide (3 718 m)
**Idioma oficial:**
Español
**Religión:**
Cristianismo
**Moneda:** Peseta
**Exportaciones:**
Vehículos, vino,
maquinaria, fruta,
verduras, aceite de oliva,
productos químicos,
textiles, hierro y acero
**Gobierno:** Monarquía
constitucional
**Renta per cápita:**
14 020 $

▲ *El rey Juan Carlos I y su esposa, la reina Sofía, en una ceremonia oficial. La monarquía española quedó restaurada en 1975, después de casi 40 años de dictadura. A pesar de que el rey es el jefe del estado, no juega un papel directo en el gobierno del país.*

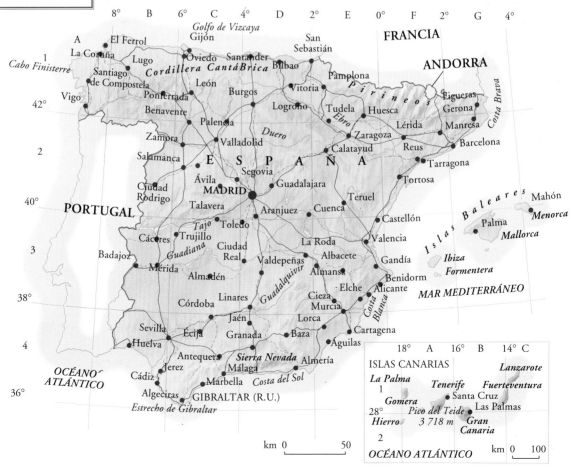

# ESPAÑA *Geografía*

España ocupa la accidentada Península Ibérica, la parte más occidental del continente europeo. Las cumbres nevadas de los Pirineos delimitan la frontera natural en el nordeste. Las abundantes precipitaciones dotan a la costa norte de su característico verdor. Hacia el sur, más allá de gargantas y montañas boscosas, se extiende una enorme llanura denominada meseta. El término procede del vocablo «mesa», utilizado para describir las áreas llanas y elevadas. La meseta ocupa la mayor parte del interior del país. En ella, el clima es seco durante todo el año, con veranos abrasadores e inviernos fríos. Los ríos Tajo y Guadalquivir nacen en la meseta, mientras que el río Ebro tiene su origen más al norte. El Ebro transporta agua para el regadío a través de las llanuras del nordeste.

El sur es una extensión de tierra rojiza y extensos olivares. El paisaje es verde en primavera, aunque pronto se seca bajo el implacable sol estival. Las alturas de Sierra Nevada descienden hasta las fértiles llanuras que bordean la soleada costa mediterránea, con aguas cálidas y enormes centros turísticos. El extremo más meridional está a tan sólo 13 kilómetros del norte de África.

El territorio español también incluye las Islas Canarias y las Islas Baleares. Las volcánicas Islas Canarias, que comprenden Tenerife, Lanzarote, Fuerteventura y Gran Canaria, se encuentran en el océano Atlántico, a poca distancia de la costa occidental africana. Las Islas Baleares se sitúan en el Mediterráneo. Las cuatro más importantes son: Mallorca, Menorca, Ibiza y Formentera.

▲ *Las cálidas aguas bañan la rocosa costa norte de Tenerife, una de las Islas Canarias. Los acantilados que bordean esta costa se elevan hasta un sierra escarpada en el centro de la isla. El paisaje rocoso de Tenerife debe su origen a la acción volcánica del Pico de Teide.*

► *Un montículo de roca erosionada resplandece bajo la luz solar de la Meseta, la llanura central española. Este paisaje árido y seco puede ser abrasador en verano y muy frío en invierno. A pesar de ello, una gran parte de la meseta está cultivada. Los agricultores cosechan trigo y mantienen grandes rebaños de ovejas y cabras.*

◄ *Los pastos de Asturias, en la franja norte del país, se mantienen verdes gracias a las brisas húmedas procedentes del océano Atlántico. Asturias es una región montañosa atravesada por valles fluviales, con una costa rocosa de abruptos acantilados.*

▶ *Castilla-La Mancha es una región situada en la parte sur de la meseta española. Es famosa por ser el escenario donde Miguel de Cervantes (1547-1616) situó las andanzas del ilustre hidalgo Don Quijote de La Mancha.*

▶ *El remoto valle de Ordesa se halla en el corazón de los Pirineos, en el nordeste. Es un parque nacional y un destino popular para los escaladores y senderistas.*

# ESPAÑA *Economía*

## PERFIL ECONÓMICO

**Agricultura y ganadería:** A pesar de que el 79% de la población española vive en las ciudades, la actividad agrícola es muy importante. La producción incluye cereales, cítricos, frutas, aceitunas, verduras y arroz. Los vinos son otro producto importante.

**Pesca:** Se captura bacalao, merluza, anchoas, mejillones, calamar y atún.

**Minería:** España posee reservas de carbón, plomo, hierro, cobre, mercurio y zinc.

**Industria:** El país fabrica textiles, productos químicos, maquinaria y vehículos. El turismo es una fuente de ingresos importante.

Hasta 1950, España era uno de los países más pobres de Europa. Sin embargo, desde entonces su economía se ha desarrollado a pasos agigantados. El país es famoso por su próspera industria turística, centrada principalmente en la costa mediterránea. Otras muchas industrias de manufactura también han visto la luz. La mena de hierro, el recurso natural más valioso del país, se utiliza para producir acero en las regiones del norte. La industria textil se sitúa al noroeste y las químicas ocupan las zonas en torno a las ciudades de Bilbao, Madrid y Barcelona. Éstas dos ciudades, junto a Valencia y Zaragoza, también fabrican vehículos. En la actualidad, España es uno de los mayores fabricantes de automóviles de Europa.

Antes de 1950, la agricultura era el principal sustento de la economía española. Aún es importante, aunque ahora emplea menos del 15% de la mano de obra. Grandes extensiones de la zona rural española, sobre todo en el sur, pertenecen a un número limitado de propietarios adinerados. En el norte, el ganado pace en los verdes campos costeros, mientras que las ovejas y cabras se pastorean en las zonas más secas. Una gran parte del sur de la Península Ibérica posee un terreno fino y polvoriento que, unido al clima seco y caluroso, hacen difícil el cultivo de muchos productos. A pesar de ello, el grano y las hortalizas florecen en algunas zonas, mientras que el clima resulta ideal para cultivar olivos, girasoles, uvas, naranjas y limones. En las Islas Canarias es incluso posible el cultivo de plátanos.

Los vinos españoles gozan de fama y prestigio internacional. El pescado es otra fuente de ingresos importante para el país. La enorme flota española captura bacalao, sardinas y anchoas en las aguas del océano Atlántico.

▲ *España es uno de los mayores exportadores mundiales de cítricos, que incluyen mandarinas, limones y naranjas amargas de Sevilla, utilizadas en la fabricación de mermelada.*

▶ *Las excavadoras extraen mena de hierro de una mina a cielo abierto del suroeste. El mineral se utiliza para fabricar acero para industrias como la automovilística. España ha sido un centro de minería importante desde la época romana.*

◀ *Estas singulares torres contribuyen al paisaje no menos peculiar del Parque de la Industria de Barcelona. Este parque ocupa el emplazamiento de una antigua fábrica textil. Fue diseñado por el arquitecto vasco Luis Peña Ganchequi.*

▲ *Los olivares cubren las colinas plateadas del suroeste. En España se cultivan diversas variedades, destinadas a la fabricación de aceite de oliva o a su consumo al natural. Las aceitunas y el aceite de oliva españoles se exportan a todo el mundo.*

▶ *Unos turistas pasean por una avenida de Benidorm, en la Costa Blanca. Un sinfín de hoteles, bares y apartamentos sirven de fondo a las playas, abarrotadas de turistas del norte de Europa hambrientos de sol. La industria turística emplea al 10% de la mano de obra española.*

# ESPAÑA *Gente*

### PAELLA
La paella es un sabrosísimo plato de arroz sazonado con azafrán, ajo y hierbas. Sus ingredientes son muy variados, pudiendo contener marisco, pollo o jamón y verduras. Este plato popular toma el nombre de la cazuela en la que se cocina. Tiene su origen en la región valenciana.

España presenta una mezcla fascinante de tradiciones, lenguas y estilos de vida diferentes. El pueblo vasco habla euskera, un idioma sin conexión con ningún otro del tronco europeo. Los gallegos, en el noroeste, se remontan en la historia a los antiguos celtas. Sus tradiciones incluyen música de gaita y bailes con acompañamiento de tambor. En el sur, la huella de los árabes del norte de África se hace patente tanto en la arquitectura como en los métodos agrícolas. La influencia gitana también resulta evidente en la guitarra y el baile. En el nordeste, los catalanes conservan su propio idioma y cultura.

A pesar de las marcadas diferencias regionales, muchos elementos del estilo de vida español son comunes a todos sus habitantes. El castellano, el idioma oficial, se habla en todo el país. El país continúa siendo eminentemente católico, aun cuando ya no existe una religión oficial. Los festivales y procesiones religiosas presiden la vida de sus gentes, con celebraciones más que frecuentes. Las ferias y fiestas son un elemento común a la vida española. Casi todas las ciudades tienen una plaza de toros, escenario de corridas y acontecimientos taurinos. Otros pasatiempos populares son el fútbol y el ciclismo.

La vida cotidiana está condicionada por el clima. El calor de la tarde ralentiza la rutina, propiciando un brevísimo descanso que se materializa en la mítica, y no menos estereotipada, «hora de la siesta». Los negocios y tiendas cierran a mediodía y abren de nuevo por la tarde. Después del trabajo, el amigable carácter español lleva a sus gentes a disfrutar de la compañía de sus amigos, antes de una cena ligera al caer la noche.

◄ *El Desfile de los Gigantes, celebrado en Toledo, es una exhibición de disfraces de demonios, gigantes y otras criaturas enmascaradas. Los festivales paganos de «gigantes y cabezudos» son habituales en toda la geografía española.*

# ESPAÑA *Historia*

▲ *Una joven encabeza un desfile comunista celebrado en Madrid durante la Guerra Civil española. Más de 750 000 personas murieron en el enfrentamiento, que duró de 1936 a 1939. Comunistas, socialistas y grupos que apoyaban al gobierno electo lucharon contra un ejército rebelde liderado por el general Franco.*

Las pinturas de las cuevas de Altamira, en el norte del país, demuestran que España estaba poblada en la época prehistórica. Hace aproximadamente 5 000 años, los iberos llegaron a España desde el norte de África y se mezclaron con los celtas, que se habían asentado en el norte. Otros muchos pueblos, como los fenicios y griegos, llegarían también hasta sus costas. España formó parte del imperio romano desde el 200 a. C. hasta el 475 d. C., cuando las tribus visigodas del este invadieron el territorio.

A comienzos del siglo VIII, los árabes del norte de África conquistaron España. Durante la Edad Media, los reyes cristianos recuperaron de forma gradual el control de España y expulsaron a los moros. En 1512, con la anexión de Navarra, el país quedó unificado como un reino católico. España conquistó tierras en América y se convirtió en una nación rica y poderosa. Su hegemonía comenzó a debilitarse a partir del siglo XVII, como resultado de guerras con otros países europeos. Al comenzar el siglo XIX, había perdido la mayor parte de sus posesiones de ultramar.

Las primeras décadas de este siglo presenciaron una amarga lucha política que desembocó en una guerra civil que asoló el país entre 1936 y 1939. Desde entonces hasta 1975, España fue una república bajo el mando del general Francisco Franco. Tras su muerte se restauró la monarquía, dando paso al retorno de la democracia en 1978. En épocas más recientes, España ha otorgado mayor libertad a los pueblos de determinadas regiones, como los vascos o los catalanes.

▶ *Tres pequeñas naves cruzan las azarosas aguas del Océano Atlántico rumbo a tierras desconocidas. Es la flota de Cristóbal Colón, financiada por la reina Isabel la Católica. Colón tomó tierra en las Bahamas en 1492, señalando el inicio de la conquista española de América.*

# PORTUGAL

Portugal forma parte de la Península Ibérica y tiene por vecina a España al norte y este. Las islas atlánticas de Madeira y las Azores son también territorio portugués. Se trata de una tierra predominantemente llana interrumpida por cadenas montañosas rocosas. Las extensas llanuras costeras están ocupadas por una diversidad de cultivos que incluyen trigo, arroz, almendras, aceitunas y maíz. Tres grandes ríos, el Duero, el Tajo y el Guadiana, atraviesan el país. Los viñedos que cubren sus valles producen los famosos vinos portugueses. Una pequeña parte de las uvas aún se pisa siguiendo el método tradicional. La superficie forestal, en su mayoría alcornoques, cubre un tercio del territorio. Las montañas de Portugal poseen ricos yacimientos de carbón y cobre. Los muchos torrentes que fluyen por sus colinas son aprovechados para producir energía hidroeléctrica.

La mayor parte de la población portuguesa vive en zonas rurales, aunque cada vez es mayor el número de personas que se trasladan a la ciudad en busca de trabajo. Los pescadores capturan sardinas y atún en la costa atlántica. Los artesanos fabrican encaje, cerámica y azulejos de gran prestigio mundial.

Los iberos fueron los primeros pobladores de Portugal. Vivieron aquí hace aproximadamente 5 000 años. A lo largo de los siglos, también se asentarían griegos, romanos y árabes del norte de África. Durante los siglos XV y XVI, los exploradores portugueses navegaron hasta el Extremo Oriente y el sur de América, estableciendo un imperio inmenso. La colonia más grande fue Brasil. El dominio portugués comenzó su declive a finales del siglo XVI, permaneciendo bajo gobierno español de 1586 a 1646.

Poco a poco, sus colonias se proclamaron independientes. Los dictadores ostentaron el poder desde 1926 hasta 1976, cuando una revolución restauró la democracia. En la actualidad, Portugal es miembro de la Unión Europea.

▲ *El Monumento a los Descubridores, en Lisboa, fue construido en 1960. Es un homenaje a los exploradores portugueses del siglo XV. Sus viajes fueron posibles gracias al príncipe Enrique de Portugal, que fundó la primera escuela de navegación del mundo.*

◄ *Una mujer cortando corcho al sol. Esta corteza, gruesa y ligera, se extrae del alcornoque. El corcho se deja secar y se transforma en tapones para botellas, flotadores, tablones de anuncios y cubiertas para suelos. Portugal es uno de los mayores productores mundiales de corcho.*

▲ *El ascensor de Santa Justa une el centro de Lisboa a la parte vieja de la ciudad, en lo alto de la colina. Esta estructura intrigante fue construida por Gustave Eiffel, el arquitecto de la famosa Torre Eiffel de París.*

◄ *Un tonelero corta duelas para la fabricación de los grandes toneles de madera utilizados para almacenar oporto. Este licor oscuro y dulce, consumido después de las comidas, es más fuerte que el vino común. El oporto es uno de los productos más exportados de Portugal.*

## HECHOS Y DATOS
**Superficie:** 91 830 km²
**Habitantes:** 9 860 000
**Capital:** Lisboa
(hab 831 000)
**Otras ciudades:** Oporto
(hab 350 000)
**Punto más alto:** Estrela
(1 993 m)
**Idioma oficial:**
Portugués
**Religión:** Cristianismo
**Moneda:** Escudo
**Exportaciones:** Ropa, textiles, corcho, oporto y otros vinos, maquinaria, equipamiento para el transporte, calzado, papel, productos madereros y pescado enlatado
**Gobierno:**
República constitucional
**Renta per cápita:**
7 450 $

# ITALIA *Introducción*

Italia ha jugado un papel importante en la formación de la historia y cultura de Europa occidental. Hace 2 000 años, esta región era el corazón del Imperio Romano, que controlaba gran parte del occidente de Europa, además de territorios dispersos por todo el mar Mediterráneo. La lengua romana, el latín, es la raíz de varios idiomas europeos modernos: no sólo del italiano, sino también del francés, español, portugués y rumano. La influencia de la arquitectura, leyes, literatura e ingeniería romanas es más que evidente a lo largo y ancho de Europa.

Durante los siglos XV y XVI, Italia fue el centro de un movimiento llamado Renacimiento: una época en que los artistas y científicos experimentaron con muchas ideas nuevas. Los pintores, escultores, arquitectos y escritores italianos se encontraban entre los más influyentes de Europa. Los pueblos y ciudades construidos en Italia en torno a esta época están cargados de pinturas y esculturas de fama internacional.

Italia es también famosa por la belleza y diversidad de su paisaje, que varía desde las cumbres de los Alpes hasta los verdes viñedos de la Toscana, una región al noroeste de Roma. Los abruptos acantilados del sur dominan la isla de Sicilia, donde un paisaje accidentado rodea al Etna, uno de los mayores volcanes activos.

Italia se convirtió en una nación unificada en 1861. Hasta entonces, había sido un conjunto de estados independientes. Roma, antes gobernada por el Papa, fue el último en unirse, en 1871, pasando a ser la capital. La Italia moderna es una república democrática y uno de los miembros fundadores de la Unión Europea. Es célebre por el diseño industrial, los alimentos, el cine y la ópera.

▼ *El río Tíber atraviesa el corazón de Roma, la capital de Italia. Roma es una ciudad moderna, donde el tráfico discurre en torno a algunos de los edificios antiguos más famosos del mundo.*

MUNDO AMENAZADO

El lobo gris vive en los Apeninos. Lo preciado de su piel lo ha convertido en una especie en extinción.

◄ *Un grupo de mujeres ataviadas con el traje regional transportan estandartes religiosos por las calles de Cagliari, en la isla de Cerdeña. Están celebrando el día del santo local, San Effisio, una práctica muy extendida por todo el país. Nueve de cada diez italianos son católicos romanos.*

SUIZA · AUSTRIA · ESLOVENIA · FRANCIA · ITALIA

*Lago Maggiore · Lago Como · Lago Garda · Dolomitas · Bolzano · Trentino · Udine*

Mont Blanc 4 807 m · Como · Bérgamo · Milán · Verona · Padua · Venecia · Trieste

*Golfo de Venecia*

Turín · Parma · Reggio · Módena · Ferrara · Rávena · Imola · Rimini

Genova · La Spezia · Bolonia · Pisa · Leghorn · Florencia · Arezzo · Perugia · Asís · SAN MARINO · Ancona

*MAR DE LIGURIA · Arno · Siena · Lago Trasimeno · Tíber · Terni · Pescara*

*Córcega (Francia) · Elba · Civitavecchia · Tívoli · Térmoli*

CIUDAD DEL VATICANO · ROMA · ITALIA · Foggia · Barletta · Bari

*Estrecho de Bonifacio · Ponza · Nápoles · POMPEYA · Brindisi*

Sassari · Olbia · *Ischia · Capri · Salerno · Amalfi · Tarento · Lecce*

*Cerdeña · MAR ADRIÁTICO*

Oristano · Cagliari

*MAR TIRRENO · Golfo de Tarento · Cabo Santa Maria di Leuca*

*Ustica · Strómboli · Is. Lípari · Cosenza · Catanzaro*

*MAR MEDITERRÁNEO · MAR JÓNICO*

Trapani · Palermo · Messina · Reggio di Calabria

Marsala · Caltanissetta · Catania · Siracusa

*Sicilia · Pantelleria · Ragusa · Cabo Passero*

km 0 — 100

▼ *Los dorados campos de la Toscana, en el centro de Italia, al finalizar la época estival. Este paisaje, con elevados cipreses y granjas dispersas, ha sido cultivado a lo largo de los siglos.*

## HECHOS Y DATOS

**Superficie:** 301 300 km²
**Habitantes:** 57 057 000
**Capital:** Roma
(hab 2 724 000)
**Otras ciudades:** Milán
(hab 1 359 000),
Nápoles (hab 1 072 000),
Turín (953 000)
**Punto más alto:** Mont
Blanc (4 807 m)
**Idioma oficial:** Italiano
**Religión:** Cristianismo
**Moneda:** Lira italiana
**Exportaciones:** Vino,
maquinaria,
equipamiento para el
transporte, calzado,
ropa, aceite de oliva,
textiles y productos
minerales
**Gobierno:** República
constitucional
**Renta per cápita:**
20 510 $

# ITALIA *Geografía*

Italia es una península situada en el extremo sur de Europa, de la que se suele decir que tiene forma de bota. El país también incluye Sicilia, Cerdeña y otras islas más pequeñas. Casi toda Italia disfruta de un clima benigno, con inviernos suaves, aunque sus colinas y montañas pueden ser frías y nevadas. Los veranos son cálidos en todo el país, llegando a ser extremadamente calurosos y polvorientos en las llanuras costeras del sur.

Los Alpes delimitan la frontera norte, con cumbres nevadas y glaciares que se elevan sobre los bosques de coníferas y los profundos y verdes valles. Las montañas sirven de abrigo a apacibles lagos azules. Al sur de los Alpes se sitúa la fértil llanura norte italiana, atravesada por el río Po. Este paisaje llano es un terreno rico para la agricultura, además de la zona más densamente poblada de Italia. La pequeña llanura adriática descansa al este, rodeada por Eslovenia y el Mar Adriático. Los montes Apeninos conforman la columna vertebral de Italia. Algunas zonas de estos picos aún se mantienen en estado salvaje, sirviendo de hogar a jabalíes y águilas ratoneras. Estas alturas descienden hasta una zona de campos y viñedos. Las llanuras costeras del oeste, en torno al Mar Tirreno, son muy fértiles. Están atravesadas por los ríos Arno y Tíber, que nacen en los Apeninos.

Las llanuras calurosas y secas del sudeste están cubiertas de olivares. Al suroeste, las montañas llegan hasta el mar, creando una magnífico paisaje costero. El Vesubio, uno de los volcanes activos más famosos de Europa, domina la bahía de Nápoles. La fértil isla de Sicilia también es volcánica. La lava y los gases son una visión frecuente en las colinas del Etna, al nordeste de la isla, que ha entrado varias veces en erupción a lo largo de este siglo. Cerdeña es una típica isla mediterránea con tierras altas pobladas de maleza y tierras bajas utilizadas para el cultivo.

▲ *Stromboli, una de las islas Lípari, aparece tranquila en las cerúleas aguas mediterráneas. En realidad, se trata de un volcán activo que podría entrar en erupción en cualquier momento.*

◄ *Los viñedos cubren las tierras altas del sur de Emilia Romagna, una zona delimitada al norte por el río Po y al sur por los Apeninos. La parte norte de Emilia Romagna es una llanura fértil, regada por el Po y otros ríos. Es una de las regiones agrícolas más importantes de Italia.*

◄ Los dentados picos de piedra caliza de los Dolomitas se elevan cual magníficas torres catedralicias. Esta cadena montañosa del noroeste, con alturas superiores a los 3 300 metros, es una extensión de los Alpes. Sus rocas desnudas y fantásticas vistas atraen a escaladores, senderistas y excursionistas.

► Las amapolas tiñen de escarlata un trigal en una colina del norte de Toscana. Esta hermosa región del centro de Italia se extiende en dirección oeste desde los Apeninos hacia la costa. El paisaje varía de montañas boscosas a colinas cubiertas de viñedos, olivares y campos de trigo. Más al sur, se encuentra la Maremma, una llanura costera pantanosa.

► El monte bajo cubre las accidentadas colinas del Macizo Sila, en Calabria central. Esta región del extremo sur, situada entre los mares Tirreno y Jónico, es árida y calurosa. Las ovejas y cabras pastan sus burdas hierbas y malezas.

91

# ITALIA *Economía*

## PERFIL ECONÓMICO

**Agricultura y ganadería:** Muchas granjas son pequeñas. Se cultiva cebada, trigo, arroz, fruta, tomates, alcachofas, uvas, aceitunas, tabaco, verduras y remolacha azucarera.

Se cría ganado ovino, porcino, caprino y bovino.

**Pesca:** Italia posee una gran flota pesquera. Las capturas se han visto afectadas recientemente por la contaminación y la reducción de los bancos.

**Industria:** Italia es una fabricante importante de coches y otros vehículos, maquinaria, equipamiento para la oficina y el hogar, ropa y calzado, productos químicos y electrónicos. Es famosa en todo el mundo como productora de pasta, queso parmesano y jamón de Parma.

Italia fue en otro tiempo una nación de agricultores, pero desde la década de 1950 ha descendido el número de personas dedicadas a las labores del campo. A pesar de que la agricultura ha perdido peso en la economía, las uvas son aún uno de los productos más importantes. En la actualidad, el país es el primer productor mundial de vino. Es también un destacado productor de aceitunas y aceite de oliva.

Italia posee pocos recursos naturales, por lo que ha de importar petróleo y minerales. A pesar de ello, el norte se ha convertido en una de las regiones industriales más ricas y avanzadas de Europa, sede de muchas ferias y acontecimientos de alcance internacional. Los coches, textiles, alimentos procesados y productos químicos son algunas de las exportaciones más importantes. Milán es un centro de moda de prestigio mundial, y la ropa, calzado y artículos de piel italianos se exportan a todo el mundo. Por desgracia, la industria, el tráfico y los productos químicos para la agricultura han dañado el medio ambiente en el norte. El gobierno italiano está intentando dar una solución a la contaminación urbana restringiendo el tráfico que accede a los centros históricos.

La mercancía para la exportación de ultramar pasa por los puertos de Génova y Trieste. Italia posee una gran flota de buques mercantes, además de muchos barcos pesqueros que capturan atún y sardinas en el Mediterráneo. Más de la mitad del comercio italiano se lleva a cabo con estados miembros de la Unión Europea. Italia contribuyó al inicio del proceso de unificación europea y fue uno de los miembros fundadores de la Comunidad Económica Europea en 1957.

La parte más importante de la economía italiana la componen las industrias de servicios. Entre ellas destacan el turismo, la educación, la sanidad, los servicios legales, las finanzas, los seguros y la administración.

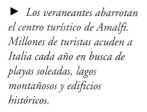

► *Los veraneantes abarrotan el centro turístico de Amalfi. Millones de turistas acuden a Italia cada año en busca de playas soleadas, lagos montañosos y edificios históricos.*

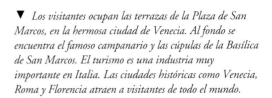

▼ Los visitantes ocupan las terrazas de la Plaza de San Marcos, en la hermosa ciudad de Venecia. Al fondo se encuentra el famoso campanario y las cúpulas de la Basílica de San Marcos. El turismo es una industria muy importante en Italia. Las ciudades históricas como Venecia, Roma y Florencia atraen a visitantes de todo el mundo.

▲ Un trabajador de la cadena de montaje ajusta tuercas en una fábrica de tractores Fiat, en Módena. Fiat es también famosa por sus coches, algunos de ellos ideales para aparcar en las abarrotadas calles italianas.

◄ Las autopistas atraviesan la ciudad de Génova, uno de los mayores puertos marítimos del Mediterráneo. Génova exporta vino, aceite de oliva y textiles. Es también un centro de construcción naval, refinado de petróleo y producción metalúrgica.

► Las uvas utilizadas en el vino Chianti maduran en la zona centro-norte de Italia. Este tinto es uno de los vinos italianos más conocidos. Italia es el mayor productor mundial de vino. Los vinos Barolo y Orvieto gozan también de fama internacional. El Barolo es un vino tinto de Piedmont, una región del noroeste, mientras que el Orvieto es un vino blanco del centro del país.

# ITALIA *Gente*

La Italia actual no quedó unificada hasta 1861. Hasta entonces, el territorio era un conjunto de pequeños estados, cada uno con su propia cultura, tradiciones e idioma o dialecto. Aún hoy muchos italianos se consideran romanos, venecianos o sicilianos antes que italianos. Las diferencias regionales son evidentes en todos los aspectos de la vida, desde los alimentos hasta las costumbres locales. El estilo de vida de las acaudaladas ciudades del norte como Milán, Turín, Bolonia y Génova poco tiene que ver con el de las pobres comunidades agrícolas del sur.

Casi toda la población habla italiano, aunque en el norte hay pequeños grupos de hablantes de francés, alemán y esloveno. Los sardos de Cerdeña hablan un dialecto parecido al latín de la antigua Roma. Sicilia, más cercana al norte de África que al sur de Italia, posee tradiciones propias.

A pesar de sus diferencias, los italianos tienen muchas cosas en común. Desde 1950, toda Italia ha experimentado un movimiento humano del campo a las ciudades. Muchos, sobre todo del sur, han emigrado fuera del país. En la actualidad, la mayor parte de la población vive en ciudades, trabajando principalmente en las industrias de servicios y manufactura. Tan sólo el 9% trabaja en la agricultura y, en las zonas rurales, muchas granjas se han transformado en hoteles rurales para italianos y visitantes extranjeros. La iglesia católica romana y las familias grandes y estrechamente unidas han sido las bases de la sociedad italiana tradicional. Sin embargo, estas influencias son cada vez más débiles. El número de católicos practicantes está descendiendo y las familias son hoy día más reducidas.

En todo el país, las distintas comunidades se unen en costumbres como la *passeggiata*, o paseo de la tarde, cuando las familias recorren juntas el centro del pueblo o la ciudad. Otros intereses comunes a la mayoría de los italianos son la comida, el deporte (especialmente el fútbol) y la moda.

▲ *Las exquisitas máscaras, trajes y capas son habituales en los carnavales de Venecia, una elegante ciudad de islas y canales. El carnaval de Venecia vivió su momento de apogeo en el siglo XVIII. Muchos de los disfraces se inspiran en diseños de aquella época.*

◄ *Paso de las estatuas de Cristo y la Virgen María durante una procesión de Semana Santa por las calles de Cerdeña. Las celebraciones católicas son importantes en la vida de muchos italianos.*

▲ *Venta de banderas y bufandas en el exterior del estadio de Turín. El fútbol es el deporte más popular de Italia. El país es la cuna de algunos de los mejores equipos de fútbol del mundo, como la Juventus y el AC Milan.*

**HABLA ITALIANO**

Hola – Ciao *(chao)*

Adiós – Arrivederci
*(a - ri - ve - **der** - chi)*

Por favor – Per favore
*(per fa - **vo** - re)*

Gracias – Grazie *(**gra** - chie)*

Sí – Si

No – No

### ESPAGUETI A LA BOLOÑESA

Este plato de Bolonia combina espagueti con una salsa de tomate con carne. El espagueti es un tipo de pasta. Cada región de Italia tiene su pasta y salsa propias.

▶ *Cada verano, la plaza mayor de Siena es escenario de una carrera de jinetes ataviados con trajes medievales. Esta espectacular galopada, en la que no se utiliza montura, se conoce en Italia como la Palio. La tradición se remonta al siglo XV.*

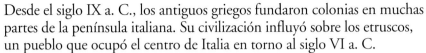

# ITALIA *Historia*

▼ *Las casas romanas de Pompeya aún conservan paredes y hornacinas decoradas. En el 79 d. C., la ciudad quedó sepultada por la lava y las cenizas de una erupción del Etna. Pompeya fue redescubierta en 1748.*

Desde el siglo IX a. C., los antiguos griegos fundaron colonias en muchas partes de la península italiana. Su civilización influyó sobre los etruscos, un pueblo que ocupó el centro de Italia en torno al siglo VI a. C.

Una de las urbes controladas por los etruscos era Roma. En el 509 a. C., los romanos se rebelaron contra los reyes etruscos, continuando su conquista de otras tribus de Italia hasta vencer al poderoso imperio cartaginés del norte de África. Los romanos fueron soldados, ingenieros, escritores y pensadores muy habilidosos. En el siglo II d. C., su imperio se extendía desde España hasta el Mar Caspio y desde Bretaña hasta Egipto. El imperio tocó a su fin en el 476 d. C., tras repetidas invasiones de tribus del norte, como los vándalos. La península italiana quedó dividida en una serie de ciudades y pequeños estados, aunque la ciudad de Roma conservó su poder como centro de la iglesia católica romana. Durante la Edad Media, muchas ciudades independientes de las zonas del centro y norte del país se enriquecieron gracias al comercio y la actividad bancaria. Más tarde, se convertirían en centros de arte y ciencia durante el Renacimiento, una época en que las nuevas ideas invadieron Europa.

Desde el siglo XVI, algunas partes de Italia estuvieron bajo gobierno de los monarcas franceses, españoles y austriacos. Otras eran controladas por el Papa. En 1861, tras varias guerras con Austria, Francia y España, los estados de la Italia moderna quedaron unificados como un reino independiente. Giuseppe Mazzini y Giuseppe Garibaldi encarnaron la lucha por la independencia. En 1922, accedió al poder el dictador fascista Benito Mussolini, que involucró a Italia en una serie de guerras extranjeras y, finalmente, en la II Guerra Mundial. Desde 1947, Italia ha sido una república democrática y el rápido crecimiento económico la ha convertido en una nación industrial importante.

◀ *La torre inclinada de Pisa es uno de los edificios más famosos de Italia. El campanario de mármol fue construido sobre un terreno poco firme entre 1173 y 1360. En la actualidad está desplazada cinco metros de su eje y requiere trabajos de ingeniería que eviten su derrumbamiento.*

► *Florencia es una magnífica ciudad que alcanzó su apogeo en el siglo XV. Fue el hogar de muchos de los grandes artistas, arquitectos, escritores y científicos del Renacimiento: la época del renacer de las artes y la cultura.*

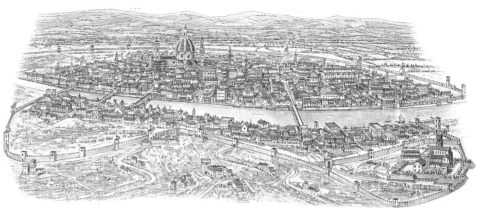

◄ *La espléndida catedral de Milán, construida con mármol blanco, es una de las más grandes de Europa. Fue comenzada en 1386 y no se concluyó hasta el siglo XIX. Milán, la segunda ciudad de Italia, se enriqueció durante la Edad Media gracias al control de las rutas comerciales que cruzaban los Alpes en dirección norte.*

► *Esta botella de cristal fue fabricada en la isla de Murano, Venecia, a mediados del siglo XV. La tradición cristalera veneciana se remonta al siglo X. Sus técnicas y habilidades fueron muy codiciadas en toda Europa.*

► *El héroe italiano Giuseppe Garibaldi lidera la batalla contra el ejército francés en Roma, en 1849. Garibaldi y sus seguidores lucharon sin descanso por una Italia independiente y unificada. Sus esfuerzos se verían finalmente recompensados en 1861.*

# CIUDAD DEL VATICANO Y SAN MARINO

La Ciudad del Vaticano, el país independiente más pequeño del mundo, es una ciudad dentro de una ciudad. Está inmersa en el corazón de Roma, la capital de Italia. La Ciudad del Vaticano es el centro de gobierno de la Iglesia Católica Romana, liderada por el Papa. La población se compone casi en su mayoría de religiosos y personal al servicio del Palacio Papal, la biblioteca y los museos vaticanos. La Ciudad del Vaticano es todo lo que queda de los Estados Pontificios, una extensa zona de Italia en otro tiempo gobernada por la Iglesia Católica. En 1929 quedó establecida su independencia dentro de la Italia moderna.

ITALIA
Museos
Galería de arte
Jardines Biblioteca
Capilla Palacio Plaza de
Sixtina Papal San Pedro
CIUDAD DEL VATICANO
Basílica de San Pedro Sacristía
m 0 250

San Marino

Ciudad del Vaticano

**HECHOS Y DATOS**

CIUDAD DEL VATICANO/SAN MARINO

CIUDAD DEL VATICANO
**Superficie:** 0,4 km²
**Habitantes:** Alrededor de 1 000
**Gobierno:** Comisión designada por el Papa

SAN MARINO
**Superficie:** 61 km²
**Habitantes:** 23 000
**Capital:** San Marino (hab 4 500)
**Religión:** Cristianismo
**Moneda:** Lira italiana
**Exportaciones:** Vino, maquinaria, y productos químicos
**Gobierno:** República constitucional
**Renta per cápita:** > 8 000 $

◄ *Los edificios de la Ciudad del Vaticano incluyen la gran Basílica de San Pedro, construida entre 1506 y 1614. Junto a ella se sitúa el Palacio Papal.*

San Marino es otro diminuto país independiente rodeado en su totalidad por Italia. Se dice que fue fundado en el siglo IV d. C. por un cantero llamado Marino, que más tarde se convirtió en un santo cristiano. En 1631, el Papa de Roma, que controlaba la región que rodeaba San Marino, accedió formalmente a la independencia del país, que quedó ratificada en 1862 en un tratado con Italia.

San Marino se sitúa en las colinas del Monte Titano, en los Apeninos. La capital tiene edificios construidos en el siglo XIV alineados en serpenteantes callejuelas empedradas. El mayor ingreso procede de los turistas, que acuden a presenciar los coloridos festivales de San Marino. Otra fuente de ingresos importante es la venta de sellos postales, coleccionados en todo el mundo.

A 12°30' B
km 0 2
ITALIA
Falciano
1 Serravalle
Acquaviva SAN Domagnano
Borgo Maggiore Mt. Titano
SAN MARINO 755 m
43° 55' Faetano
MARINO
Chiesanuova Fiorentino Monte Giardino
ITALIA

► *Las fortalezas medievales y las magníficas vistas de los Apeninos atraen a muchos visitantes al diminuto país de San Marino.*

# MALTA

Esta cadena de islas se sitúa en el extremo sur del continente europeo, entre Sicilia y el norte de África. Las costas son accidentadas, con muchos entrantes rocosos que forman puertos naturales, acantilados escarpados y calas arenosas.

Las tres islas habitadas son Malta, Gozo y Comino. Malta carece de ríos y su terreno es pobre. La isla está densamente poblada y es necesario importar la mayoría de los alimentos, aunque los agricultores se las arreglan para cosechar grano, verduras y frutas como uvas e higos, en campos de terrazas.

El archipiélago maltés está situado en las rutas marítimas del Mediterráneo central, lo que ha propiciado la ocupación por parte de invasores de muchas partes del mundo. En 1814 se convirtió en una colonia británica, lo que le valió padecer intensos bombardeos como base naval británica durante la II Guerra Mundial. Gran Bretaña devolvió la independencia a las islas en 1964 y los malteses transformaron la base naval en muelles para buques mercantes. La azarosa historia de Malta queda patente en sus gentes, de ascendencia árabe, italiana o inglesa, y en su cultura, cargada de diversas influencias. En la actualidad, la inmensa mayoría trabaja en los muelles, en los astilleros o en la industria de la construcción. El turismo ha cobrado gran importancia en la economía del país.

▼ *Valletta, la capital y principal puerto de Malta, está construida sobre un promontorio rocoso entre dos bellos puertos naturales. Su silueta está presidida por la catedral católica de St John, erigida en el siglo XVI.*

**HECHOS Y DATOS**
**Superficie:** 310 km²
**Habitantes:** 361 000
**Capital:** Valletta (hab 102 000)
**Otras ciudades:** Birkirkara (hab 21 000)
**Punto más alto:** En la isla de Malta (253 m)
**Idiomas oficiales:** Malgache e inglés
**Religión:** Cristianismo
**Moneda:** Lira maltesa
**Exportaciones:** Maquinaria, ropa, textiles, equipamiento para el transporte, barcos, refrescos y tabaco
**Gobierno:** República constitucional
**Renta per cápita:** 6 850 $

# ALBANIA

Este país accidentado se encuentra a orillas del Mar Adriático. En albano, la palabra Albania significa águila, en honor a las majestuosas aves que planean sobre sus lagos y montañas. En la llanura costera, se cultiva maíz, fruta y tabaco. También se cría ganado bovino, ovino y caprino en los pastos montañosos.

Los historiadores creen que los albanos descienden del pueblo ilirio, cuyo reino ocupaba este territorio en torno al 300 a. C. Los ilirios se mezclaron con los romanos, venecianos, normandos y serbios que se asentaron en Albania a lo largo de los siglos. Desde 1468 hasta su independencia, en 1912, Albania formó parte del imperio turco otomano. En 1946 el país se convirtió en una república comunista bajo el liderazgo de Enver Hoxha. Ante el temor de la influencia extranjera, el gobierno comunista prohibió a los albanos salir del país o comprar televisiones. También quedó prohibido el culto religioso. Los negocios y granjas pasaron a manos estatales. Tras la muerte de Hoxha en 1985, el país continuó siendo comunista, pero el pueblo albano exigió una reforma. En consecuencia, el gobierno comenzó a aumentar de forma gradual las libertades de los ciudadanos. Las primeras elecciones democráticas se celebraron en 1991. En 1992 los comunistas abandonaron el poder.

El nuevo gobierno ya no controlaba los sueldos ni los precios, lo que provocó un encarecimiento del coste de la vida. Muchos albanos tuvieron que hacer frente a la pobreza, otros se vieron obligados a emigrar. Con el fin de mejorar la economía, el gobierno inició proyectos para transformar las tierras bajas costeras en campos de cultivo. También volvió a privatizar las tierras y las fábricas. Los ricos yacimientos albanos de hierro, petróleo y gas natural han traído nueva riqueza al país.

## HECHOS Y DATOS

**Superficie:** 28 750 km²
**Habitantes:** 3 338 000
**Capital:** Tirana (hab 251 000)
**Otras ciudades:** Durres (hab 87 000), Shkoder (hab 84 000), Elbasan (hab 84 000)
**Punto más alto:** Monte Jezerce (2 693 m)
**Idioma oficial:** Albano
**Religiones:** Cristianismo e islamismo
**Moneda:** Lek
**Exportaciones:** Hierro, gas natural, petróleo, cromo, betún, níquel, cobre, fruta y verduras
**Gobierno:** República multipartidista
**Renta per cápita:** Estimada 700-3 000 $

▼ *Mujeres clasificando manzanas en una fábrica de Peshkepi, al este de Albania. El procesado de frutas es importante para la economía albanesa.*

# BULGARIA

## HECHOS Y DATOS

**Superficie:** 110 990 km²
**Habitantes:** 8 469 000
**Capital:** Sofía
(hab 1 142 000)
**Otras ciudades:**
Plovdiv (hab 379 000),
Varna (hab 315 000),
Burgas (hab 205 000)
**Punto más alto:** Musala
(2 925 m)
**Idioma oficial:** Búlgaro
**Religiones:** Cristianismo
e islamismo
**Moneda:** Lev
**Exportaciones:**
Maquinaria, alimentos,
vino, tabaco,
combustibles y materias
primas, calzado, hierro,
acero y textiles
**Gobierno:** República
multipartidista
**Renta per cápita:**
1 330 $

El norte de Bulgaria es una meseta fértil que se extiende desde el río Danubio hacia los Montes Balcanes. Es una región agrícola importante donde se cultivan cereales, frutas y verduras. Más allá de estas montañas hay tierras bajas que se elevan hasta los Montes Ródope, a lo largo de la frontera griega.

Este territorio se conoció en otro tiempo como Tracia. Los tracios eran un pueblo que se asentó aquí en torno al 1000 a. C. Después del 500 d. C., comenzaron a llegar a la región eslavos del norte y un siglo más tarde los búlgaros asiáticos la invadieron desde el este. Los búlgaros modernos descienden de estos tres pueblos. Bulgaria permaneció casi 500 años (1396-1898) bajo gobierno turco. En 1944 fue ocupada por las tropas comunistas de la Unión Soviética, lo que llevó al poder a los comunistas búlgaros, que limitaron y suprimieron muchos derechos de los ciudadanos. Aquellos que criticaban el gobierno eran ejecutados o recluidos en campos de trabajo. Los comunistas construyeron muchas fábricas, pero la mayoría de los búlgaros vivía en las zonas rurales, donde la pobreza era común. El comunismo tocó fondo en 1990 y el país celebró sus primeras elecciones democráticas.

En la actualidad, dos tercios de la población búlgara viven en ciudades, trabajando en industrias textiles, de procesado de alimentos, de manufactura o maquinaria. El nivel de vida ha mejorado de forma considerable desde 1990, aunque el empleo y la vivienda son aún escasos. Con el fin de mejorar la economía, Bulgaria está potenciando el comercio y el turismo internacional. Los visitantes acuden atraídos por las hermosas iglesias y los animadísimos festivales. Personas de toda Europa viajan hasta los centros turísticos de la costa del Mar Negro.

▲ *Bailarinas conmemorando el Festival de las Rosas en Kazanluk. La celebración tiene lugar un día antes del comienzo de la recogida de la rosa. Los pétalos aromáticos se prensan para hacer agua de rosas, un aceite utilizado en la fabricación de perfumes.*

101

# GRECIA *Introducción*

▼ *La acrópolis es una fortaleza rocosa situada sobre una colina que domina Atenas. En su punto más alto está el Partenón, un templo construido en torno al 438 a. C. en honor a la diosa de la ciudad, Palas Atenea.*

Grecia ocupa la parte meridional de la Península Balcánica, además de cientos de hermosas islas dispersas en los cerúleos mares Egeo y Jónico. Creta, situada más al sur en el Mar Mediterráneo, es la isla de mayor extensión.

Grecia tiene puertos naturales, montañas y valles profundos. Se trata de un terreno de piedra caliza rocosa cubierta de monte bajo y hierbas aromáticas que sirven de pasto a rebaños de ovejas y cabras. En primavera, la tierra se cubre de un manto de flores silvestres, que se torna marrón y polvoriento durante los calurosos meses estivales. Los olivares y trigales rodean los apacibles pueblecitos encalados. Sin embargo, las ciudades griegas, con una mezcla de edificios antiguos y modernos, están atestadas de gente y tráfico. La contaminación ambiental de Atenas es una amenaza para la salud humana y de numerosos monumentos. En la actualidad, la industria y el tráfico rodado están sometidos a controles.

Hace cuatro mil años, los antiguos griegos crearon una sociedad eminentemente civilizada. Lograron grandes avances en ciencia, filosofía, arte, literatura, teatro y deportes. La filosofía alcanzó cotas inusitadas con personajes como Platón, Aristóteles y Sócrates. Fueron los antiguos griegos los que desarrollaron la idea de democracia, o gobierno del pueblo. El término procede de las palabras griegas *demos*, que significa pueblo, y *kratia*, que significa autoridad. También creían en dioses y diosas que vivían en el Monte Olimpo, sobre los que idearon toda clase de mitos y leyendas.

Los recursos naturales de Grecia son su paisaje y su cálido clima soleado, que atraen a miles de turistas cada año. Se ha descubierto gas natural y petróleo en el Mar Egeo. Además, los ríos de los Montes Pindos producen energía hidroeléctrica.

MUNDO AMENAZADO
La tortuga de Herman está amenazada a causa del comercio de mascotas. El intenso tráfico automovilístico es otro peligro.

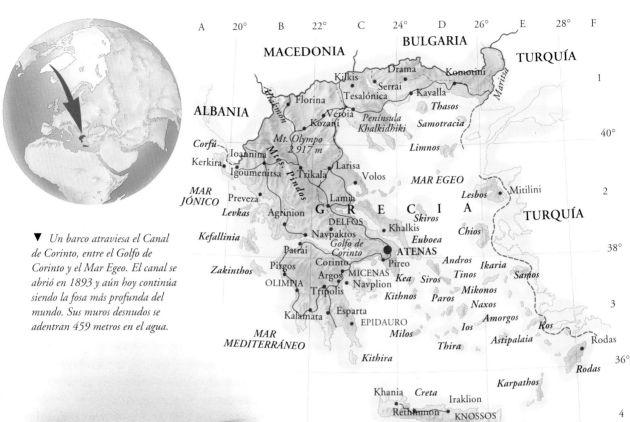

Mapa de Grecia con coordenadas:
A 20° B 22° C 24° D 26° E 28° F

MACEDONIA
BULGARIA
TURQUÍA

Kilkis
Drama
Komotini
Serrai
Tesalónica
Kavalla
Florina
Thasos
ALBANIA
Veroia
Kozani
Península
Khalkidhiki
Samotracia
Mt. Olympo
2 917 m
Limnos
40°
Corfú
Ioannina
Kerkira
Larisa
Igoumenitsa
Trikala
Volos
MAR EGEO
MAR
JÓNICO
Preveza
Lamia
Lesbos
Mitilini
2
Levkas
Agrinion
G R E C I A
Skiros
Chios
TURQUÍA
Kefallinia
DELFOS
Khalkis
Navpaktos
Euboea
38°
Golfo de
Corinto
Patrai
ATENAS
Andros
Ikaria
Pirgos
Corinto
Pireo
Tinos
Samos
Zakinthos
Argos
MICENAS
Kea
Siros
Mikonos
OLIMPIA
Navplion
Tripolis
Kithnos
Paros
Naxos
3
Kalamata
Esparta
Amorgos
Kos
EPIDAURO
Milos
Ios
Astipalaia
Rodas
MAR
MEDITERRÁNEO
Thira
36°
Kithira
Rodas
Karpathos
Khania
Creta
Iraklion
Rethimnon
KNOSSOS
4
PHAISTOS
km 0      100

▼ Un barco atraviesa el Canal de Corinto, entre el Golfo de Corinto y el Mar Egeo. El canal se abrió en 1893 y aún hoy continúa siendo la fosa más profunda del mundo. Sus muros desnudos se adentran 459 metros en el agua.

▶ Las casas de la isla de Thira son típicamente griegas: paredes encaladas y pequeñas ventanas para aislar el calor estival. Los edificios con cúpula son iglesias ortodoxas. Más del 90% de la población griega profesa esta religión.

103

# GRECIA *Gente e Historia*

La primera gran civilización europea se originó en Grecia. A partir del 2500 a. C., la isla de Creta presenció el florecimiento de la cultura minoica, que vivía en ciudades ricas y comerciaba por todo el Mediterráneo. Esta civilización tocó a su fin en torno al 1400 a. C., cediendo el relevo a los micenos del continente. En el 1000 a. C., los pueblos del norte comenzaron a invadir Grecia, estableciendo ciudades-estado independientes como Atenas y Esparta. Durante siglos, las ciudades–estado gozaron de un inmenso poder y mantuvieron guerras entre ellas, uniéndose tan sólo para derrotar a la enemiga Persia (ahora Irán). En el 338 a. C., Macedonia conquistó dichos estados y Alejandro Magno estableció un inmenso imperio griego en Oriente Medio. Con el tiempo, la antigua Grecia se desmembró, pasando a formar parte del imperio romano en el 146 a. C. Grecia pertenecería al imperio bizantino desde el 330 a. C. hasta que los turcos la conquistaron en 1453 y la anexionaron al imperio otomano. La independencia griega de Turquía en 1829 se vería seguida de años de convulsión política y gobierno militar. En 1975 se fundó la actual república democrática de Grecia.

En la actualidad, dos tercios de la población griega viven en áreas urbanas. Mucha gente trabaja en fábricas de cemento, plantas químicas o de procesado de alimentos para la exportación. Grecia posee una de las mayores flotas mercantes del mundo. Muchos griegos se dedican a la industria turística, regentando hoteles y restaurantes. En las zonas rurales son importantes la agricultura, ganadería y labores tradicionales, como la cerámica y el hilado.

▲ *Esta estatua de un lanzador de disco fue realizada por el escultor griego Mirón en torno al 450 a. C. Los primeros Juegos Olímpicos se celebraron en Olimpia en el 776 a. C. El lanzamiento de disco era uno de los acontecimientos principales.*

► *Pasajeros embarcando en un ferry en la isla de Naxos. Tanto los turistas como los lugareños hacen uso del ferry. En verano, la mayoría de los pasajeros son veraneantes que recorren las islas del Peloponeso. Muchos griegos trabajan en el turismo, una de las principales fuentes de ingresos del país.*

► *Las ruinas de la ciudad de Mitras se encuentran cerca de Esparta, en medio de un paisaje de colinas cubiertas de olivares. Mitras fue edificada entre los siglos XIV y XV, cuando Grecia estaba bajo dominio turco. En su catedral fue coronado el último emperador bizantino (turco).*

### ENSALADA GRIEGA

La ensalada griega se compone de tomates, pepino, aceitunas negras y taquitos de feta (queso de cabra). Va aderezada con hierbas y aceite de oliva. Suele ir acompañada de pan crujiente y un vino griego llamado *retsina*.

► *Esta moneda de plata fue emitida en Atenas en el 479 a. C., cuando los griegos derrotaron a Persia (ahora Irán). El búho era el emblema de la diosa de la ciudad, Palas Atenea. La moneda se utilizaba en las transacciones comerciales y era aceptada en toda Grecia, Turquía e Italia.*

► *Alumnos de escuela secundaria en un desfile de conmemoración de la independencia griega. Los muchachos van vestidos como Evzones, los soldados de la guardia nacional. Fueron estos soldados los que en 1829 derrotaron a los gobernantes turcos, logrando la independencia para el país.*

# RUMANÍA

Los magníficos Montes Cárpatos y los Alpes de Transilvania describen una curva a través de Rumanía. Al sur y al este de las montañas, el terreno desciende hasta llanuras que forman grandes extensiones de campos fértiles. La zona sur se denomina Valaquia y la región del este Moldavia.

A lo largo de las playas arenosas de la costa del Mar Negro se han levantado muchos centros turísticos. En el interior, los pantanos del delta del Danubio forman un hábitat inmejorable para aves y peces.

Esta zona de Europa pasó a formar parte del imperio romano en el 106 d. C., tomando su nombre de los romanos que la ocuparon. Desde fines del siglo III hasta mediados del XIX, estuvo bajo el gobierno de una gran variedad de pueblos, entre ellos los turcos otomanos y los rusos. Más tarde, en 1856 los estados de Moldavia y Valaquia se unieron para formar un reino independiente: Rumanía.

Tras la caída del imperio austro-húngaro en 1918, Rumanía obtuvo Transilvania y otras regiones. En la década de 1940, el país pasó a ser comunista, permaneciendo bajo la implacable influencia de la Unión Soviética. En los años 60, con el presidente Nicolae Ceausescu en el poder, se inició un alejamiento de la Unión Soviética. Ceausescu intentó desarrollar la industria, obligando a muchos rumanos a desplazarse de los pueblos a las ciudades para servir de mano de obra. Esta situación, unida al bajo nivel de vida y las pocas libertades de que gozaba la población, desembocó en la rebelión de 1989, en que el gobierno fue derrocado y Ceausescu ejecutado. Las elecciones democráticas de 1990 y 1992 impulsaron en gran manera la reconstrucción del país.

**MUNDO AMENAZADO**

Los pelícanos dálmatas que pescan en el delta del Danubio han visto cómo su población se reducía debido a la desecación de marismas y la caza.

## HECHOS Y DATOS
**Superficie:** 237 500 km²
**Habitantes:** 22 755 000
**Capital:** Bucarest
(hab 2 351 000)
**Otras ciudades:**
Constanta (hab 351 000)
**Punto más alto:**
Moldoveanu (2 543 m)
**Idioma oficial:** Rumano
**Religión:** Cristianismo
**Moneda:** Len
**Exportaciones:**
Productos petrolíferos, equipamiento petrolífero, cemento y equipamiento para la fabricación de productos químicos
**Gobierno:** República multipartidista
**Renta per cápita:** 1 090 $

▼ *Esta vista aérea de Bucarest, la capital rumana, muestra una típica mezcolanza de edificios antiguos y nuevos. En 1977, un terremoto causó grandes daños a la ciudad, que fue reconstruida sin dilación.*

**HABLA RUMANO**

Hola – Salut *(sa - lut)*

Adiós – La revedere
*(la re - ve - der - e)*

Por favor – Vă rog
*(va - rog)*

Gracias – Mulţumesc
*(mul - tsu - mesc)*

Sí – Da *(da)*

▲ *Las pendientes nevadas y el paisaje arbolado atraen a los turistas a la región de Transilvania. Estos bosques densos son también célebres por ser la cuna de las leyendas vampíricas. Se cree que el personaje del conde Drácula está inspirado en un príncipe de la Edad Media llamado Vlad el Empalador.*

▲ *Un arado tirado por bueyes prepara un campo para la siembra cerca de Sibiu, en el centro de Rumanía. Las cosechas de grano como el maíz y el trigo son las más importantes en muchas partes del país. La nación es también una destacada productora vinícola.*

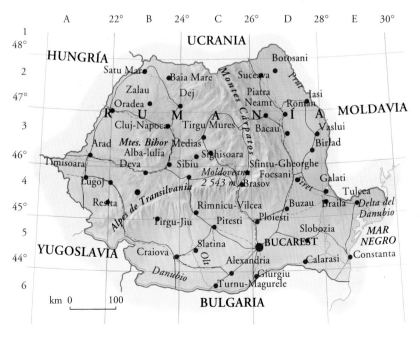

# MOLDAVIA

Moldavia es una nación de extensas llanuras, colinas arboladas y numerosos ríos. Un terreno negro y fértil cubre la mayor parte del país. El clima, con veranos cálidos e inviernos suaves, contribuye a la fertilidad de las tierras, haciendo de la agricultura uno de los pilares de la economía moldava. Más de la mitad de los habitantes viven en áreas rurales, dedicados en su mayoría a la actividad agrícola. Cultivan girasoles (para aceite vegetal), maíz, trigo, tabaco y verduras de raíz. La producción frutal se destina al enlatado, mientras que los viñedos se dedican a la fabricación de vinos. El procesado de alimentos es un sector de gran importancia. Otras industrias existentes son la manufactura de tractores, electrodomésticos y ropa.

Moldavia está situada en el límite de las estepas que ocupan toda la parte central de Asia. Su situación la ha hecho vulnerable a las invasiones. En la Edad Media, aquí se fundó un estado independiente llamado Moldavia, que incluía la nación actual, entonces llamada Bessarabia, y lo que hoy es Rumanía oriental. Los turcos otomanos dominaron la zona desde comienzos del siglo XVI hasta 1812, cuando Rusia asumió el control de Bessarabia. La región pasó de manos rusas a rumanas en varias ocasiones antes de formar parte definitiva de la Unión Soviética en 1944.

Moldavia logró su independencia en 1991. Sin embargo, la unidad de la nueva nación se vió amenazada cuando los habitantes no moldavos de las regiones meridionales y orientales intentaron formar estados libres. La lucha estalló en 1991, pero la paz se impuso al año siguiente.

**HECHOS Y DATOS**
**Superficie:** 33 700 km²
**Habitantes:** 4 356 000
**Capital:** Kishinev
(hab 753 000)
**Otras ciudades:**
Tiraspol (hab 182 000),
Beltsy (hab 159 000),
Bendery (hab 130 000)
**Punto más alto:**
Mt. Balaneshty (429 m)
**Idioma oficial:**
Moldavo
**Religión:** Cristianismo
**Moneda:** Len
**Exportaciones:**
Productos químicos,
alimentos, vino,
maquinaria, textiles y
tabaco
**Gobierno:** República
**Renta per cápita:**
1 260 $

► *Músicos moldavos, ataviados con el traje tradicional, celebran el primer aniversario de la independencia del país en 1992. Desde 1944, la nación había formado parte de la Unión Soviética como república de Moldavia. Tras la independencia, el moldavo, muy similar al rumano, sustituyó al ruso como idioma oficial.*

# BIELORRUSIA

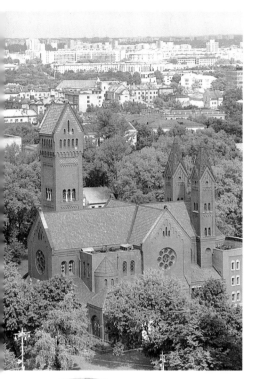

La mayor parte de Bielorrusia es una inmensa llanura, interrumpida por una cordillera central de colinas bajas. El terreno está atravesado por ríos y hay muchas zonas de pantanos y arbolado.

El bosque de Behlovezha, que se extiende más allá de la frontera con Polonia, depende de los dos países. Es una de las pocas zonas que han sobrevivido del extenso bosque que cubría el norte de Europa en épocas prehistóricas. La rica fauna cuenta con la última manada existente de bisón europeo.

Los bielorrusos son un pueblo eslavo, cuyos antepasados se asentaron en la región hace 1 500 años. A comienzos de la Edad Media formaban parte de Kievan Rus, un estado situado en torno a Kiev, en la vecina Ucrania. Se unieron a Lituania en el siglo XIV, y posteriormente a Polonia en el siglo XVI. Rusia gobernó desde el siglo XVIII. En 1922, Bielorrusia pasó a formar parte de la Unión Soviética. Tras el derrumbamiento de ésta en 1991, Bielorrusia obtuvo la indepencia y se convirtió en el centro de la Comunidad de Estados Independientes, una alianza de estados anteriormente soviéticos.

La agricultura y la industria son vitales para la economía del país. La mayor parte de los bielorrusos vive en ciudades, aunque cerca de un tercio trabaja en grandes granjas privadas o estatales.

▲ *Una iglesia católica polaca se eleva sobre la silueta de Minsk. Muy pocos edificios antiguos de la ciudad sobrevivieron a los daños causados durante la II Guerra Mundial.*

**HECHOS Y DATOS**
**Superficie:** 207 600 km²
**Habitantes:** 10 313 000
**Capital:** Minsk
(hab 1 634 000)
**Otra ciudad:** Gomel
(hab 504 000)
**Punto más alto:**
Dzerzhinskaya Gora
(346 m)
**Idioma oficial:**
Bielorruso
**Religión:**
Cristianismo
**Moneda:** Rublo
**Exportaciones:**
Maquinaria, equipamiento para el transporte, petróleo, gas natural, productos químicos y petroquímicos, artículos metálicos y alimentos
**Gobierno:** República
**Renta per cápita:** 2 910 $

# UCRANIA

Ucrania es un país de estepas: llanuras extensas y verdes con terrenos ricos ideales para el cultivo. La tierra da grano y alimenta al ganado. Los boscosos montes Cárpatos se elevan a lo largo de las fronteras occidentales de Ucrania. Dos grandes ríos, el Dnepr y el Dnestr, recorren el país en dirección a las cálidas aguas del Mar Negro. La industria ucraniana se concentra en el este, donde hay grandes yacimientos de carbón. Las fábricas producen acero, barcos y maquinaria.

Hace aproximadamente 3 500 años, esta región estaba habitada por pastores nómadas. En el siglo IX d. C., surgió en torno a Kiev un estado eslavo llamado Kievan Rus. A partir del siglo XIV, Ucrania perdería su soberanía, primero frente a Polonia y Lituania, y más tarde frente a Rusia. En 1922 se convirtió en una de las cuatro primeras repúblicas de la Unión Soviética. Bajo gobierno soviético, quedaron suprimidas la religión, idioma y cultura ucranianos, y el país fue sometido a un programa de industrialización intensiva. Tras el derrumbamiento de la Unión Soviética en 1991, Ucraina se declaró independiente. Ese mismo año se unió a la Comunidad de Estados Independientes, una alianza de antiguas repúblicas soviéticas.

En la actualidad, dos tercios de la población ucraniana vive en ciudades. Muchos trabajan en las industrias metalúrgica, química y de procesado de alimentos. Otros muchos están empleados en el sector servicios. El auge industrial de las últimas décadas ha provocado serios problemas de contaminación, recientemente abordados por grupos medioambientales.

**HECHOS Y DATOS**
**Superficie:** 603 700 km²
**Habitantes:** 52 179 000
**Capital:** Kiev
(hab 2 651 000)
**Otras ciudades:**
Kharkiv (hab 1 622 000),
Dnipropetrovsk
(hab 1 190 000),
Donetsk (hab 1 121 000),
Odessa (hab 1 096 000)
**Punto más alto:**
Mt. Goverla (2 061 m)
**Idioma oficial:**
Ucraniano
**Religión:** Cristianismo
**Moneda:** Karbovanets
**Exportaciones:**
Metales, maquinaria,
alimentos, productos
químicos y textiles
**Gobierno:** República
**Renta per cápita:**
1 670 $

▼ *Panorámica del mercado de Kiev. Los mercados urbanos ofrecen una gran variedad de alimentos, además de blusas bordadas y huevos de Pascua decorados, objetos de recuerdo muy populares entre los visitantes.*

▼ *Hierro fundido en una acería de la ciudad de Dnipropetrovsk. La metalurgia, que aprovecha los ricos yacimientos de carbón y mena de hierro, es una de las principales industrias del país. Durante los años de gobierno soviético, de 1922 a 1991, las industrias pesadas experimentaron un gran desarrollo.*

POLONIA
ESLOVAQUIA
HUNGRÍA
RUMANÍA
BIELORRUSIA
RUSIA
MOLDAVIA

Kovel
Chernobyl
Sumy
Rovno
Zhitomir
KIEV
Kharkiv
Lvov
Poltava
Cherkassy
Kremenchug
Vinnitsa
Lugansk
Chernovtsy
Kirovograd
Dnipropetrovsk
Donetsk
Krivoy Rog
Zaporozhye
Nikolayev
Mariupol
Melitopol
Kherson
Odessa
Kerch
Crimea
Sebastopol
Simferopol
Yalta

*Desna*
*Dnepr*
*Dnestr*
*Mtes. Cárpatos*
Mt. Goverla 2 061 m
*Dnestr*
*Bug Meridional*

U C R A N I A

MAR DE AZOV
MAR NEGRO

A  25°   B   35°   C
50°
45°
1
2
3

km 0 — 200

▼ *Las centrales nucleares de Ucrania generan el 27% de la electricidad del país. El peor accidente nuclear de todos los tiempos tuvo lugar en 1986 en Chernobyl, al norte de Kiev. En la actualidad, muchos ucranianos se oponen al uso de la energía nuclear.*

▼ *Conferencia de delegados en Kiev, con motivo del primer aniversario de la independencia de Ucrania. El país se convirtió en una república democrática multipartidista en 1991. Desde entonces, se ha enfrentado a numerosos problemas económicos y políticos, además de a disputas militares con Rusia.*

111

# HUNGRÍA

Hungría, situada en el centro de Europa, es un territorio de llanuras, suaves pendientes y montañas de poca altura. Las fértiles tierras de cultivo son el principal recurso del país. El maíz, el trigo, las patatas y la remolacha azucarera se dan bien en esta tierra negra y rica, especialmente en el sudeste. Las viñas se dedican a la fabricación de vino y las frutas a la de mermeladas para el mercado exterior. Casi todas las granjas son colectivas: propiedad de varias familias que las dirigen.

Los húngaros son en su mayoría magiares, un pueblo que ha vivido en estas tierras desde el siglo IX. Los reyes magiares gobernaron desde el 1000 hasta el 1526, cuando el país fue conquistado por los turcos. En el siglo XVII, los turcos fueron expulsados por los Habsburgo, los gobernantes de Austria. Tras la derrota del imperio austro-húngaro en la Primera Guerra Mundial, Hungría se declaró independiente. Los comunistas se hicieron cargo del gobierno en 1948 e iniciaron un programa intensivo de industrialización. Restringieron las libertades personales y controlaron los salarios y precios. En 1956 los húngaros protagonizaron una revuelta, aplastada por los tanques comunistas soviéticos traídos para apoyar al gobierno. Muchos fueron ajusticiados o encarcelados, mientras que otros miles huyeron como refugiados. Las restricciones se irían relajando poco a poco hasta 1990, año en que se celebraron elecciones democráticas.

En la actualidad, la mayoría de la población húngara vive en ciudades y trabaja en fábricas creadas por los comunistas, en industrias de ingeniería o servicios. El gobierno intenta reducir la contaminación de las fábricas antiguas y replantar los bosques mermados por la tala indiscriminada.

### GOULASH

El *goulash* es el plato nacional de Hungría. Este sabroso guiso contiene carne, cebollas y patatas. Se suele servir con fideos y rebanadas gruesas de pan negro. El *goulash* se sazona con paprika (un pimiento rojo picante). Se puede añadir nata, champiñones, col o guisantes, según el gusto del cocinero.

◄ *En el norte de Hungría, las cosechas se plantan en franjas. Cada año, las cosechas ocupan una franja de terreno diferente. Este método, conocido como rotación, asegura que la tierra conserve un equilibrio de nutrientes.*

## HECHOS Y DATOS

**Superficie:** 93 030 km²
**Habitantes:** 10 294 000
**Capital:** Budapest
(hab 2 000 000)
**Otras ciudades:**
Debrecen (217 000)
**Punto más alto:**
Mt. Kekes (1 015 m)
**Idioma oficial:**
Húngaro
**Religión:** Cristianismo
**Moneda:** Forint
**Exportaciones:**
Artículos de consumo,
materias primas,
productos agrícolas,
maquinaria y material
de transporte
**Gobierno:** Democracia
multipartidista
**Renta per cápita:**
3 010 $

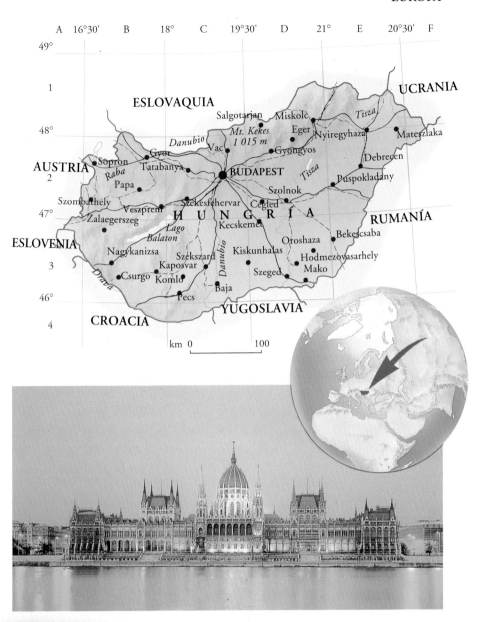

► *Las magníficas Casas del Parlamento húngaras dominan el río Danubio en la capital, Budapest. El edificio, que cuenta con 88 estatuas exteriores, está decorado con hermosas pinturas.*

◄ *Los bañistas disfrutan del agua caliente de los manantiales de las cuevas cercanas a la ciudad de Miskolc. El agua puede alcanzar los 30°C y su vapor ayuda a los que padecen dolencias como el asma. Hungría tiene muchos centros de salud como éste.*

113

# REPÚBLICA CHECA

La República Checa se sitúa en el corazón de Europa central, entre los accidentados Montes Sudetes y las colinas boscosas de la Selva de Bohemia. El fértil noroeste está atravesado por los grandes ríos Elba y Vltava. Las granjas y los centros industriales pueblan las regiones del centro-sur y noroeste. En el siglo X, los checos, un pueblo eslavo, fundaron en esta zona un reino poderoso llamado Bohemia. Su capital, Praga, se convirtió en un centro de arte y estudio. En 1526, el trono pasó a manos de la familia real austriaca, los Habsburgo. El gobierno austriaco se prolongó hasta 1918, tan sólo interrumpido por un breve periodo de independencia en el siglo XVII. En 1918, Bohemia se unió a su vecina Eslovaquia en una república independiente llamada Checoslovaquia. De 1948 a 1989, permaneció bajo un gobierno comunista de influencia soviética. Las reformas del líder Alexander Dubcek, que parecían debilitar el comunismo, propiciaron la invasión soviética de 1968. Tras las elecciones democráticas de 1990, los eslovacos comenzaron a exigir la independencia para su región. En 1993, Checoslovaquia se dividió de forma pacífica en dos estados independientes: la República Checa y Eslovaquia.

La República Checa comprende la mayoría de las zonas industriales importantes de la antigua Checoslovaquia. Sus fábricas producen acero, maquinaria, papel, cristal y cerámica. La cerveza es otro producto destacado. Más de dos tercios de la población vive en zonas urbanas y muchos trabajan en esas industrias.

▼ *La pintoresca ciudad de Cesky Krumlov está situada en las colinas boscosas del suroeste. Fue fundada en el siglo XIII y aún se conserva como en la Edad Media. La minería de plata enriqueció a la ciudad, que cuenta con un castillo, una iglesia y un teatro.*

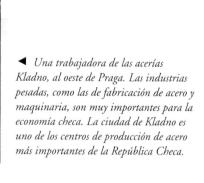

◄ *Una trabajadora de las acerías Kladno, al oeste de Praga. Las industrias pesadas, como las de fabricación de acero y maquinaria, son muy importantes para la economía checa. La ciudad de Kladno es uno de los centros de producción de acero más importantes de la República Checa.*

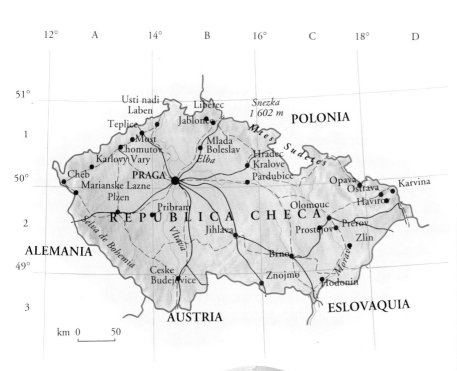

▼ Las flores y banderas llenan la plaza Wenceslas de Praga. Son un tributo popular a los que lucharon por la independencia checoslovaca de los soviéticos entre 1948 y 1989.

**HECHOS Y DATOS**
**Superficie:** 78 860 km²
**Habitantes:** 10 328 000
**Capital:** Praga
(hab 1 215 000)
**Otras ciudades:**
Brno (hab 391 000),
Ostrava (hab 331 000)
**Punto más alto:** Snezka
(1 602 m)
**Idioma oficial:** Checo
**Religión:** Cristianismo
**Moneda:** Corona
**Exportaciones:**
Maquinaria, material de
transporte, productos
químicos, hierro, acero y
cristal
**Gobierno:** República
multipartidista
**Renta per cápita:**
2 440 $

▼ Una gran multitud se agolpa para oír un concierto al aire libre en una plaza de Praga, dentro del marco del Festival Internacional de Primavera. Los checos son célebres por su afición a la música. Bedrich Smetana (1824-84) y Antonín Dvorák (1841-1904) son algunos compositores checos famosos.

# ESLOVAQUIA

Eslovaquia es una tierra de montañas escabrosas, lagos y bosques, habitados por jabalíes, linces y osos.

La región ha estado poblada desde hace miles de años. Los eslavos, antepasados de los habitantes actuales, llegaron en el siglo V. En el siglo IX, sus tierras quedaron incluidas en el reino de Moravia, un imperio que ocupaba gran parte de Europa central. Fue invadida en el 906 po los magiares de Hungría, que la gobernaron durante los siguientes 1 000 años. En 1918, los eslovacos se unieron a sus vecinos, los checos, para formar un país nuevo llamado Checoslovaquia. Los comunistas, apoyados por la Unión Soviética, gobernaron Checoslovaquia desde 1948. La Checoslovaquia comunista exigió una reforma política en 1968, pero su protesta fue aplastada por las tropas soviéticas. Más tarde, la huelga general de 1989 desembocaría en las elecciones democráticas. En 1993, Checoslovaquia se dividió de forma pacífica en dos nuevos países independientes: Eslovaquia y la República Checa.

En un primer momento, Eslovaquia se enfrentó a problemas económicos debido a la ausencia de industria. La industria checoslovaca se había concentrado en la zona perteneciente a la República checa. Los recursos naturales de Eslovaquia son la madera, la mena de hierro y las ricas tierras de cultivo en torno al río Danubio, donde los granjeros cultivan cereales y crían cerdos. Cerca de un 40% de los eslovacos trabajan en la industria, centrada en Bratislava y Kosice. Durante la era comunista, casi todas las fábricas producían maquinaria pesada, pero en la actualidad prima la producción de artículos de consumo.

▲ *Músico eslovaco tocando una cítara. Las cuerdas se tañen con un plectro, una púa unida a un anillo que el músico se coloca en el pulgar. Las canciones tradicionales son muy populares en toda Eslovaquia.*

◀ *Las iglesias ortodoxas suelen estar decoradas con iconos (pinturas religiosas) y velas. Cuando los comunistas se hicieron con el poder en 1948, quedó prohibido el culto religioso. Sin embargo, en 1990 el gobierno levantó las restricciones y se restauró la libertad de culto.*

◀ *Los Montes Tatra ofrecen una estampa sobrecogedora. Contienen parques nacionales donde se protege el medio ambiente y los senderistas pueden avistar gamuzas y águilas.*

## HECHOS Y DATOS
**Superficie:** 49 040 km²
**Habitantes:** 5 318 000
**Capital:** Bratislava
(hab 441 000)
**Otras ciudades:**
Kosice (hab 236 000)
**Punto más alto:**
Gerlachovsky Stit
(2 656 m)
**Idioma oficial:** Eslovaco
**Religión:** Cristianismo
**Moneda:** Corona
**Exportaciones:** Mena
de hierro, productos
químicos, productos
petrolíferos, acero
y armas
**Gobierno:** República
multipartidista
**Renta per cápita:**
1 920 $

POLONIA

REPÚBLICA
CHECA

Gerlachovsky
Stit
2 656 m

Zilina

Mtes. Tatra

Martin
Banska
Bystrica

Poprad

Presov

Hron

Trencin

E S L O V A Q U I A

Kosice

UCRANIA

Zvolen

Vah

Trnava

Nitra

Moravia

AUSTRIA

BRATISLAVA

Nove Zamky

HUNGRÍA

Danubio

Komarno

km  0          100

▼ *El castillo de Bratislava domina el majestuoso río Danubio. El castillo, construido en la Edad Media, acogió a los emperadores y emperatrices de Hungría. El gobierno húngaro se extendió del 906 al 1918.*

# POLONIA

Una gran parte de Polonia está cubierta por las inmensas llanuras y colinas que se extienden hacia el este desde Alemania hacia Rusia. Se cultivan patatas y centeno en las llanuras del centro de Polonia. Los terrenos más fértiles, en las colinas del sur, producen trigo y maíz. El ganado ovino y bovino pace en los pastos meridionales. En el extremo sur del país hay montañas y bosques, reducto de osos y lobos. La región de la costa báltica del norte contiene miles de lagos y está salpicada de turberas.

Los polacos son un pueblo eslavo que fundaron un estado poderoso en el centro de Europa en el siglo IX. Del siglo XIV al XVII, este estado se convirtió en el eje de un gran imperio, que entró en declive y, en 1795, quedó repartido entre Rusia, Prusia y Austria. En 1918 recobró de nuevo la independencia, aunque durante la Segunda Guerra Mundial desaparecería de nuevo del mapa tras la invasión de la Unión Soviética y de la Alemania nazi. El gobierno nazi fue brutal y millones de polacos fueron asesinados. Desde 1947, Polonia permaneció bajo gobierno comunista. Durante los años 70 y 80, los trabajadores protestaron con huelgas y revueltas contra las pésimas condiciones de vida, exigiendo mejores salarios y reformas políticas. En 1989, el sindicato Solidaridad ganó las elecciones democráticas. El paso del comunismo a la democracia aumentó las libertades personales, pero en un primer momento también trajo consigo desempleo y un aumento de los precios.

Hasta la década de los 40, la economía polaca se basaba principalmente en la agricultura y una gran parte de la población vivía y trabajaba en zonas rurales. En la actualidad, la mayoría vive en ciudades y trabaja en industrias de servicios como la sanidad, educación, economía y administración, o en industrias pesadas que producen carbón, acero y maquinaria.

## HECHOS Y DATOS
**Superficie:** 312 680 km²
**Habitantes:** 38 459 000
**Capital:** Varsovia (hab 1 655 000)
**Otras ciudades:** Lodz (hab 852 000), Cracovia (hab 748 000)
**Punto más alto:** Pico Rysy (2 499 m)
**Idioma oficial:** Polaco
**Religión:** Cristianismo
**Moneda:** Zloty
**Exportaciones:** Cobre, carbón, maquinaria, vehículos y calzado
**Gobierno:** República multipartidista
**Renta per cápita:** 1 960 $

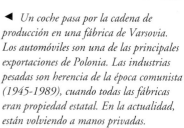

◄ *Un coche pasa por la cadena de producción en una fábrica de Varsovia. Los automóviles son una de las principales exportaciones de Polonia. Las industrias pesadas son herencia de la época comunista (1945-1989), cuando todas las fábricas eran propiedad estatal. En la actualidad, están volviendo a manos privadas.*

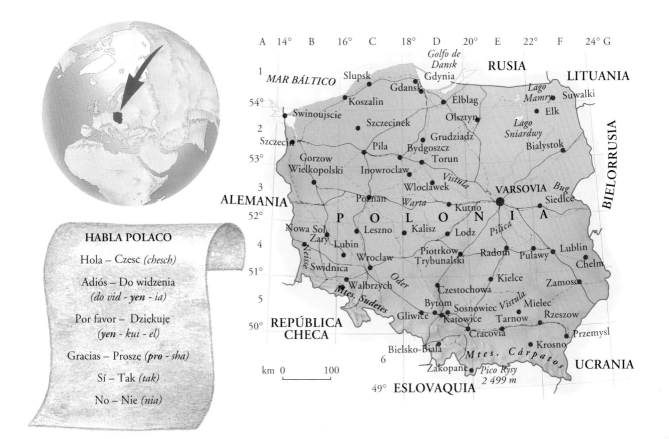

A 14° B 16° C 18° D 20° E 22° F 24° G

**MAR BÁLTICO**

Golfo de Dansk

**RUSIA** **LITUANIA**

Slupsk · Gdynia · Gdansk · Elblag · Lago Mamry · Suwalki

Swinoujscie · Koszalin · Szczecinek · Olsztyn · Elk · Lago Sniardwy

Szczecin · Pila · Grudziadz · Bydgoszcz · Torun · Bialystok

Gorzow Wielkopolski · Inowroclaw · Vistula · Wloclawek · **VARSOVIA** · Bug

**ALEMANIA** · Poznan · Warta · Kutno · Siedlce

**P O L O N I A** · Leszno · Kalisz · Lodz · Pilica

Nowa Sol · Zary · Lubin · Wroclaw · Piotrkow Trybunalski · Radom · Pulawy · Lublin · Chelm

Swidnica · Oder · Kielce · Zamosc

Walbrzych · Czestochowa

**Mtes. Sudetes** · Bytom · Sosnowiec · Vistula · Mielec

Gliwice · Katowice · Tarnow · Rzeszow

**REPÚBLICA CHECA** · Cracovia · Przemysl

km 0 — 100

Bielsko-Biala · Krosno · **Mtes. Cárpatos** · **UCRANIA**

Zakopane · Pico Rysy 2 499 m

49° **ESLOVAQUIA**

**BIELORRUSIA**

▼ *Las llanuras costeras del norte de Polonia están salpicadas de miles de lagos conectados por arroyos y ríos. Muchos polacos acuden a pescar, navegar o practicar windsurf.*

▶ *La iglesia de Santa María se encuentra en el centro de la histórica Cracovia, en la plaza del mercado. Esta ciudad ha sido siempre un destacado enclave comercial y cultural. Aún hoy es un destino turístico muy popular.*

119

# ESLOVENIA

▼ *Enormes estalactitas iluminadas para los turistas en la Cueva Postojna, a 50 km de Ljubljana. La erosión de las rocas calcáreas del oeste de Eslovenia ha formado gargantas y cuevas extraordinarias.*

Eslovenia se sitúa en las principales rutas de carreteras y ferrocarril, entre el oeste de Europa y los países balcánicos. Esta ubicación ha propiciado el comercio entre Eslovenia y países como Austria, Italia, Francia y Alemania. El país produce acero, cristal, productos químicos, papel y textiles. Las minas polacas proporcionan carbón, plomo y mercurio, mientras que los valles fértiles dan trigo, tabaco, patatas, remolacha azucarera y uvas. El turismo es también importante en estos paisajes de montañas, bosques y llanuras. Los visitantes acuden atraídos por los complejos de esquí, los hermosos lagos y las playas soleadas.

A lo largo de su historia, Eslovenia ha pertenecido a varios imperios, entre los que destacan el romano y el austro-húngaro. También estuvo bajo el gobierno de Baviera. En 1918, Eslovenia se unió a Croacia y Serbia para formar un reino independiente llamado el Reino de los serbios, croatas y eslovenos. Esta unión adoptó el nombre de Yugoslavia en 1929. Yugoslavia quedó dividida durante la Segunda Guerra Mundial, aunque fue reunificada como un país comunista en 1945. En 1991, Eslovenia se separó de Yugoslavia y se declaró independiente.

La población se compone en su mayoría de eslovenos. Sus antepasados formaron parte de un grupo, llamado los eslavos del sur, que ocupó gran parte de la península balcánica en el siglo VI. El país no tiene minorías poderosas, lo que ha evitado el derramamiento de sangre que está sucediendo en muchos otros países de la antigua Yugoslavia.

▶ *La silueta de la ciudad incluye iglesias, museos y exquisitos edificios públicos antiguos, que conviven junto a modernas construcciones de oficinas y apartamentos. Ljubljana es también un importante centro industrial, con fábricas que producen jabón, cuero, papel, textiles y productos químicos.*

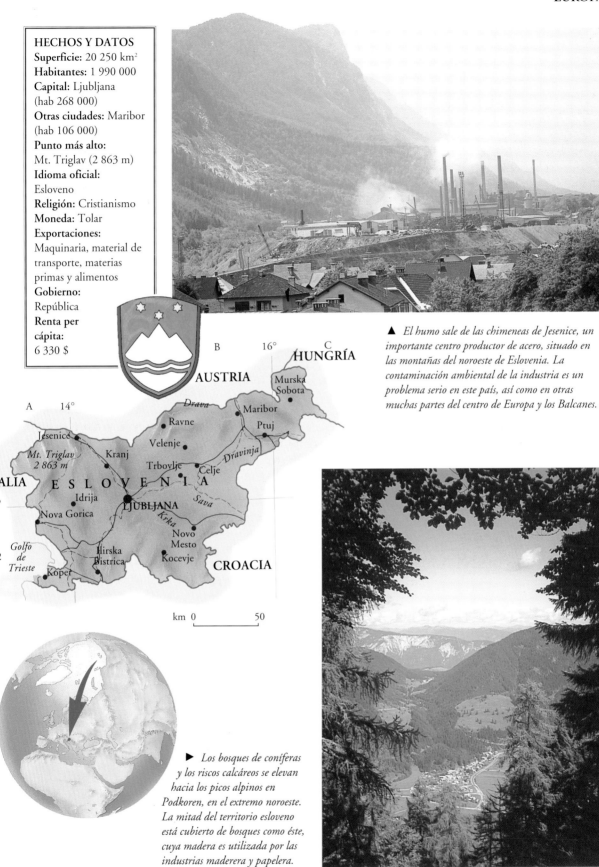

## HECHOS Y DATOS

**Superficie:** 20 250 km²
**Habitantes:** 1 990 000
**Capital:** Ljubljana
(hab 268 000)
**Otras ciudades:** Maribor
(hab 106 000)
**Punto más alto:**
Mt. Triglav (2 863 m)
**Idioma oficial:**
Esloveno
**Religión:** Cristianismo
**Moneda:** Tolar
**Exportaciones:**
Maquinaria, material de
transporte, materias
primas y alimentos
**Gobierno:**
República
**Renta per
cápita:**
6 330 $

▲ *El humo sale de las chimeneas de Jesenice, un importante centro productor de acero, situado en las montañas del noroeste de Eslovenia. La contaminación ambiental de la industria es un problema serio en este país, así como en otras muchas partes del centro de Europa y los Balcanes.*

► *Los bosques de coníferas y los riscos calcáreos se elevan hacia los picos alpinos en Podkoren, en el extremo noroeste. La mitad del territorio esloveno está cubierto de bosques como éste, cuya madera es utilizada por las industrias maderera y papelera.*

# CROACIA

La costa rocosa de Croacia presenta numerosas islas y promontorios. En el interior, los escarpados Alpes Dináricos dan paso a las Llanuras Panonas, al nordeste, principal región agrícola del país.

Desde el siglo IV a. C., este territorio formó parte del poderoso imperio romano. Croacia se convirtió en un reino independiente en los albores de la Edad Media, uniéndose a Hungría en 1102. Más tarde fue dividida entre los poderes turco y austriaco.

En 1918, Croacia pasó a formar parte de una unión de estados que, en 1945, se convirtieron en la Yugoslavia comunista. Yugoslavia se desmembró en 1990 y Croacia se declaró independiente en 1991. Sin embargo, la vecina Serbia puso objecciones y se desencadenó el combate armado. Los serbios se apoderaron de un tercio del territorio de Croacia y muchos croatas fueron asesinados o tuvieron que huir de los pueblos a las ciudades en busca de refugio. Aunque la guerra acabó en 1992, una fuerza de pacificación de la ONU continúa vigilando la frontera entre Croacia y Serbia.

Antes de la guerra, casi la mitad de la población del país vivía en zonas rurales. Había una importante industria turística centrada en la costa, que producía grandes beneficios. La guerra devastó la economía croata, pero el país se esfuerza ahora en reconstruir las fábricas, edificios y los centros históricos.

▶ *La ciudad medieval de Korcula domina el Mar Adriático. Korcula es también el nombre de la isla en la que se encuentra la ciudad, famosa por los canteros que trabajan el mármol blanco de la zona.*

## HECHOS Y DATOS

**Superficie:** 56 540 km²
**Habitantes:** 4 789 000
**Capital:** Zagreb
(hab 727 000)
**Otras ciudades:**
Split (hab 190 000),
Rijeka (hab 168 000),
Osijek (hab 105 000)
**Punto más alto:**
Mt. Troglav (1 913 m)

**Idioma oficial:**
Serbocroata
**Religión:** Cristianismo
**Moneda:** Dinar croata
**Exportaciones:**
Productos químicos, ropa,
alimentos y maquinaria
**Gobierno:** República
**Renta per cápita:**
Estimada 700-3 000 $

◄ Los agujeros de los depósitos de esta fábrica de vino cerca de Dubrovnik dan fe de los daños causados por las bombas. A pesar de la guerra de 1991-1992, los croatas no han dejado de producir vino. Los vinos croatas son muy exportados debido a su calidad y precios razonables.

► La plaza central de la capital de Croacia, Zagreb, está reservada a peatones y tranvías. Zagreb, una ciudad construida en la época romana, es el principal centro industrial y financiero del país. También tiene una universidad y varios teatros.

◄ El enorme anfiteatro de Pula fue construido por los romanos en el año 80 d. C. Tenía un aforo de 23 000 espectadores, que acudían a presenciar los combates a muerte entre gladiadores y fieras.

# BOSNIA-HERZEGOVINA

## HECHOS Y DATOS

**Superficie:** 51 130 km²
**Habitantes:** 4 366 000
**Capital:** Sarajevo
(hab 526 000)
**Otras ciudades:** Banja
Luka (hab 143 000)
**Punto más alto:**
Mt. Maglic (2 386 m)
**Idioma oficial:**
Serbocroata
**Religión:** Islamismo
y cristianismo
**Moneda:** Dinar
**Exportaciones:**
Ropa, productos
químicos,
muebles y
maquinaria
**Gobierno:**
República
**Renta per cápita:**
estimada < 700 $

El nombre completo del país, Bosnia-Herzegovina, está tomado de sus dos regiones principales. Bosnia, al norte, es una tierra de altas montañas arboladas. Herzegovina, al sur, desciende hasta colinas accidentadas y terrenos llanos. Ambas poseen grandes reservas de hierro y carbón.

En el año 11 a. C., esta región pasó a formar parte del imperio romano. En el siglo VII, los eslavos se asentaron aquí. A partir del siglo XII, se sucedieron largos años de gobierno de una serie de imperios poderosos: primero el húngaro, después el turco y finalmente el austro-húngaro. Los turcos trajeron consigo la religión del islam y muchos bosnios se hicieron musulmanes. En 1918, Bosnia se unió a Croacia, Serbia y Eslovenia para formar una federación (unión) de estados, conocida posteriormente como Yugoslavia. El país estuvo bajo gobierno comunista desde 1945. El comunismo llegó a su fin en 1990 y Yugoslavia se deshizo en estados independientes.

Cuando Bosnia declaró su independencia en 1992, los serbios que vivían en Bosnia protestaron e iniciaron una guerra civil devastadora. Los ejércitos de las repúblicas vecinas de la antigua Yugoslavia se vieron involucrados y miles de personas fueron asesinadas o forzadas a abandonar sus hogares. La ONU envió fuerzas de pacificación, alimento y ayuda médica. Las conversaciones de paz trataron de poner fin al conflicto mediante nuevas divisiones del territorio. Por desgracia, los bosnios y los serbios estaban esparcidos por toda Bosnia, haciendo extremadamente difícil cualquier división del terreno.

◀ *Una anciana bosnia espera en un campo de refugiados de Croacia, en 1992. Los serbios cristianos expulsaron de sus hogares y pueblos a millares de bosnios musulmanes. La amarga lucha por la tierra se centró en las diferencias religiosas o étnicas.*

# MACEDONIA

## HECHOS Y DATOS

**Superficie:** 25 710 km²
**Habitantes:** 2 173 000
**Capital:** Skopje
(hab 449 000)
**Otras ciudades:**
Bitola (hab 84 000)
**Punto más alto:**
Mt. Korabit (2 751 m)
**Idioma:** Macedonio
**Religiones:**
Cristianismo
e islamismo
**Moneda:** Denar
**Exportaciones:**
Productos químicos, ropa,
calzado, maquinaria,
equipamiento para el
transporte, alimentos
y textiles
**Gobierno:** República
**Renta per cápita:**
Estimada 700-3 000 $

Macedonia es un territorio de ríos rápidos y montañas elevadas, cubiertas de bosques de haya, roble y pino. El país forma parte de una región histórica más extensa también llamada Macedonia, disputada en las Guerras Balcánicas de 1912 y 1913, en las que Serbia se apoderó de gran parte del territorio macedonio. En 1918, la Macedonia serbia se unió a Croacia, Serbia y Eslovenia para formar una federación de estados que, en 1929, se autodenominaron Yugoslavia. Cuando la Yugoslavia comunista se separó en 1990, los macedonios convocaron elecciones democráticas. El país se declaró independiente con el nombre de República de Macedonia en 1991. Grecia no vio ese nombre con buenos ojos. La antigua Macedonia había formado parte del mundo griego y la región septentrional de Grecia aún se llamaba Macedonia. Algunos griegos temían que la nueva república pudiera reclamar parte del territorio griego. Sin embargo, Macedonia aseguró que esto no ocurriría y el nombre quedó aceptado.

La mayoría de la población es eslava, mientras que el segundo gran grupo lo constituyen los albanos. Cerca de la mitad de la población vive en zonas rurales. Muchos se dedican a la agricultura, plantando tabaco y maíz, o a la tala de madera. Cuatro de cada diez personas trabajan en la industria, produciendo cemento, acero o artículos de algodón. Casi todas las fábricas y negocios eran propiedad del estado durante la época comunista y aún continúan en manos del gobierno. Muchos de los centros industriales de la capital fueron destruidos por un terremoto en 1963, pero se reconstruyeron de inmediato.

▶ *La iglesia de San Juan, en Caneo, domina el hermoso lago Ohrid. Fue construida en el siglo XIII. En 1964, los trabajos de restauración llevaron al descubrimiento de frescos en la cúpula.*

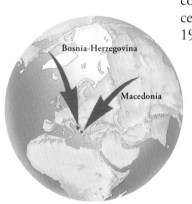

# YUGOSLAVIA *Introducción*

Hasta comienzos de la década de 1990, la actual Yugoslavia estaba incluida en un país más extenso, llamado también Yugoslavia, que ocupaba gran parte de la península balcánica. El nombre se remonta a 1929, cuando fue adoptado por un reino que unificó los estados balcánicos de Croacia, Bosnia-Herzegovina, Dalmacia, Montenegro, Serbia y Eslovenia. Hasta ese momento, estos estados habían estado o bajo gobierno austro-húngaro o del imperio otomano. Durante la Segunda Guerra Mundial, Yugoslavia quedó dividida por la lucha, pero en 1945 fue reunida bajo un gobierno comunista liderado por el presidente Josip Broz Tito.

Durante 1991 y 1992, las tensiones continuas entre los diferentes grupos étnicos del país provocaron el desmembramiento de Yugoslavia en distintas naciones independientes. Serbia y Montenegro formaron la nueva y más pequeña Yugoslavia. En 1992, los serbios que vivían en Yugoslavia y en la vecina Bosnia reclamaron algunas zonas de Bosnia, dando inicio a una sangrienta guerra contra el gobierno mayormente bosnio musulmán. Millares de hombres, mujeres y niños inocentes resultaron muertos, heridos o perdieron sus hogares. Las tropas de pacificación de la ONU fueron incapaces de poner fin al enfrentamiento, que continuó hasta mediados de los años 90. Se impusieron sanciones comerciales internacionales contra Yugoslavia, que dañaron seriamente la economía del país.

Aunque desde los años 50 se han desarrollado en Yugoslavia industrias como la minera, la química o la metalúrgica, la mayoría de la población aún se dedica a la agricultura. Las granjas de Serbia producen maíz, trigo, patatas y tabaco, mientras que Montenegro es famosa por las ciruelas y cerezas. El país también posee bosques y recursos minerales muy ricos. En tiempos de paz, sus bellísimas montañas y paisajes costeros atraían a muchos turistas.

## HECHOS Y DATOS

**Superficie:** 102 170 km²
**Habitantes:** 10 485 000
**Capital:** Belgrado (hab 1 169 000)
**Otras ciudades:** Novi Sad (hab 180 000), Nis (hab 176 000), Kragujevac (hab 148 000)
**Punto más alto:** Mt. Daravica (2 656 m)
**Idioma oficial:** Serbocroata
**Religiones:** Cristianimo e islamismo
**Moneda:** Nuevo dinar
**Exportaciones:** Textiles, productos químicos, ropa, alimentos, hierro, acero, maquinaria, material de transporte y artículos manufacturados
**Gobierno:** República
**Renta per cápita:** Estimada 700-3 000 $

▼ *Los viandantes pasean por la capital. Belgrado fue también la capital de la antigua Yugoslavia. Es un centro de comunicaciones, comercio e industria, además de un importante puerto fluvial desde el siglo II.*

MUNDO AMENAZADO

El olm, una salamandra ciega que vive en cuevas, está en peligro debido a la contaminación del agua.

▼ *Unos trabajadores reparan los daños de un terremoto en Kotor, cerca de Petrovac. Toda la península balcánica es una zona sísmica.*

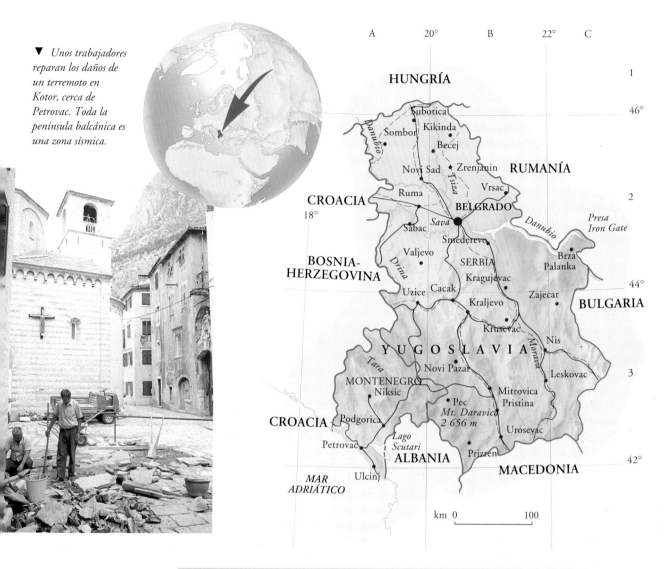

A       20°       B       22°       C

HUNGRÍA

CROACIA

Danubio
Sombor
Subotica
Kikinda
Becej
Novi Sad       Zrenjanin
Ruma       Tisza       Vrsac

RUMANÍA

18°

BELGRADO
Sava       Danubio       Presa
Iron Gate

Sabac       Smederevo

BOSNIA-
HERZEGOVINA

Valjevo       SERBIA       Brza
Palanka

Drina

Uzice       Cacak       Kragujevac       Zajecar

Kraljevo

BULGARIA

Krusevac       Morava       Nis

Y U G O S L A V I A

Tara

Novi Pazar       Leskovac

MONTENEGRO
Niksic       Mitrovica
Pristina

Pec
Mt. Daravica
2 656 m       Urosevac

CROACIA

Podgorica

Petrovac       Lago
Scutari       Prizren

ALBANIA       MACEDONIA

MAR
ADRIÁTICO       Ulcinj

km 0                    100

46°

2

44°

3

42°

▶ *Las aguas cerúleas del mar Adriático centellean bajo el sol estival a los pies de las escarpadas montañas. Antes del estallido de la guerra civil en Croacia y Bosnia, la costa adriática yugoslava atraía a numerosos visitantes. La industria turística era un factor económico de gran importancia.*

# YUGOSLAVIA *Gente e Historia*

Yugoslavia significa «Tierra de los eslavos del sur». El país tomó su nombre de los pueblos eslavos del sur (serbios, eslovenos y croatas) que invadieron la península balcánica en el siglo VI. En el siglo X, Serbia se convirtió en el estado más poderoso de los Balcanes, pero en 1459 la región fue invadida por los turcos del imperio otomano. Serbia no recuperó su independencia hasta 1878.

Durante el siglo XIX, los estados vecinos de Serbia, Eslovenia, Croacia y Bosnia-Herzegovina, estuvieron bajo el gobierno del imperio austro-húngaro. A lo largo de este período, cobró fuerza un movimiento para la unidad de los eslavos del sur. En 1914, el asesinato del archiduque austriaco, Francisco Fernando, a manos de Gavrilo Princip, un serbo-bosnio, serviría de detonante para la Primera Guerra Mundial. El imperio austro-húngaro declaró la guerra a Serbia, a la que culpaba del asesinato. Al término de la guerra, en 1918, se desmembró el imperio austro-húngaro y se formó el Reino de los serbios, croatas y eslovenos, posteriormente llamado Yugoslavia.

Los diferentes grupos étnicos y religiosos eran incapaces de convivir de forma pacífica y, a principios de la década de 1990, Yugoslavia quedó dividida en naciones independientes. En la actualidad, dos tercios de los habitantes de la moderna Yugoslavia (antiguas Serbia y Montenegro) son de etnia serbia y montenegrina, a excepción de Kosovo, una provincia en la frontera con Albania, donde predomina la ascendencia albana. La mayoría de los yugoslavos hablan serbocroata y muchos serbios y montenegrinos son miembros de la Iglesia ortodoxa serbia.

▲ *En el siglo XIV, Stefan Dusan lideró a los serbios en las victorias sobre Bulgaria, Macedonia y Albania, convirtiendo a Serbia en la potencia hegemónica de la península balcánica. Murió mientras marchaba sobre Constantinopla, la capital del imperio Bizantino.*

◄ *Destilado de licores en Kopljar, un pueblo al sur de Belgrado. Las tierras balcánicas son famosas por sus licores fuertes, hechos de frutas como ciruelas, cerezas y melocotones. La bebida alcohólica más famosa es un aguardiente de ciruela llamado slivovitz, que se suele servir acompañado de carne y salchichas.*